莆陽史话

郑金沐 编著

厦门大学出版社 国家一级出版社

XIAMEN UNIVERSITY PRESS 全国百佳图书出版单位

图书在版编目（CIP）数据

莆阳史话 / 郑金沐编著. -- 厦门：厦门大学出版社，
2024.4

ISBN 978-7-5615-9317-2

Ⅰ．①莆… Ⅱ．①郑… Ⅲ．①莆田-地方史 Ⅳ.
①K295.73

中国国家版本馆CIP数据核字(2024)第017073号

责任编辑　王鹭鹏
美术编辑　李嘉彬
技术编辑　朱　楷

出版发行　厦门大学出版社

社　　址　厦门市软件园二期望海路 39 号
邮政编码　361008
总　　机　0592-2181111　　0592-2181406(传真)
营销中心　0592-2184458　　0592-2181365
网　　址　http://www.xmupress.com
邮　　箱　xmup@xmupress.com
印　　刷　厦门集大印刷有限公司

开本　　720 mm×1 000 mm　1/16
印张　　16.75
插页　　3
字数　　234 千字
印数　　1～3 000 册
版次　　2024 年 4 月第 1 版
印次　　2024 年 4 月第 1 次印刷
定价　　60.00 元

本书如有印装质量问题请直接寄承印厂调换

厦门大学出版社　　厦门大学出版社
微信二维码　　　　微博二维码

壶山致雨（马金焰摄影）

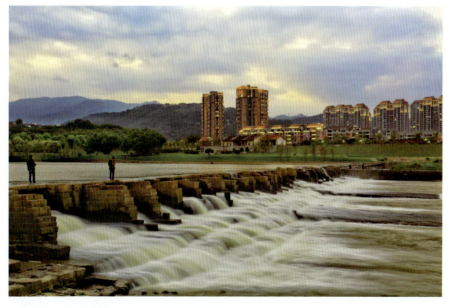

木兰春涨（马金焰摄影）

蜚山晨岚（张力摄影）

九鲤飞瀑（张力摄影）

壶山朝晖（黄平摄影）

兰溪水入荔枝林（黄平摄影）

自 序

　　小时候常听父亲"讲古"，受他的影响，我也爱看莆田地方历史。我在莆田第六中学念高中时，学校经常开展周末文娱活动，我负责说书，主要讲莆田民间故事，深受同学们的欢迎。

　　莆田历史悠久，教育兴旺，人才辈出，仅莆田县（现荔城区、城厢区、涵江区、秀屿区）曾涌现一千七百七十九名进士、七名文武状元、五名榜眼、四名探花、八名宰相、四十六名尚书。莆田人中有许多全国著名的政治家、史学家、文学家、民族英雄，诸如蔡襄、郑樵、刘克庄、陈文龙等。先贤事迹非常感人，其中对我成长影响较大的有郑樵、郑纪、江春霖。郑樵，宋代史学家，青年时不应科举，立志多读古人书，通百家学问，尤擅六经，居夹漈山苦读三十年，编撰《通志》等书。郑纪，经济名臣，明代户部尚书，为官正直无私，处事光明磊落，且又极能体恤民情，为贫苦百姓做了不少好事。郑纪关心故乡百姓疾苦的事迹，至今仍然被人们传为佳话。江春霖，清末监察御史，在职时铁面无私，不畏权贵，敢言敢谏，秉笔直书，为民请命。郑樵的苦读，郑纪的体恤民情，江春霖的直声震天下的精神，对我教育特别大。

　　退休后，我利用家里藏书对莆田历史文化进行了比较系统的学习和研究，寻访历史遗踪，本着尊重历史的原则，对我在高中时讲的一些莆田民间故事重新进行整理,加以充实,同时也参考(明)周瑛、黄仲昭《重刊兴化府志》;(明)周华著,蔡金耀校勘,卢金城注译《游洋志》;阮其山编著《二十四史莆仙人物传》;林国平、彭文宇主编《莆田通史》;莆田市方志委编《莆田市志》《莆田市姓氏志》《莆田市地名志》;莆田县方志委编《莆田县志》;莆田市文联、莆田市民间文艺家协会编《莆田民间故事选》等有关史料及当代最新研究成果,并新编写一些历史故事,力求在现有的史料基础上,做到如阮其山先生所说的"广采博取,精审辨析""对某些讹误进行辨析纠误",使内容更加丰富翔实,人物故事更加丰满生动。

现集成《莆阳史话》一书,追念先贤,激励后人,传承历史文化,以史为鉴,开创未来。

谨向被参考或采用部分内容的有关文献资料的作者,表示衷心的感谢!

郑金沐

二〇二二年五月一日

目 录

一、地名由来及建置沿革

莆田古称莆田,别称莆中、莆阳,立县名莆田,蒲为莆之初文。

　　莆田的命名,与海有关,与"蒲"有关,也与"田"有关。较通行的说法,是莆田古时为海,后升为平原,蒲草丛生,勤劳的莆域先民以愚公移山的精神,一代接一代地围海造田,逐渐形成莆田平原,最终诞生了莆田县,所以,有人说过"没有莆田平原,就没有莆田县"。因水患频仍,农田难以耕作,所以将"蒲"字删去三点水写为莆。

　　早在五千年前的新石器时期,就有先民在这里生活着,从事农作和渔猎活动,繁衍生息。境地夏商时属扬州域,西周时为"七闽"之一。战国后属百越,秦时属闽中郡,汉初属闽越国,西汉后期属会稽郡,三国时属建安郡,西晋时属晋安郡,南朝时属南安郡。唐武德五年,置县后属丰州,宋、元、明、清时属兴化府(路)。民国时属福建省第四行政督察区。一九四九年后属晋江专区,一九七〇年属闽侯专区,一九七一年属莆田地区,一九八三年属莆田市。

（一）莆田地名的由来及别称

莆田地名是莆田历史文化重要组成部分，颇具历史特色和明显的地方色彩。地名的存续、变更反映了朝代变迁、社会变化，形成了丰富的地域民俗文化，是宝贵的文化遗产。

1.地名由来

莆田古时不叫"莆田"，而叫"蒲田"。

相传很久很久以前，莆田这地方是一片汪洋大海，由于地壳运动，古代兴化湾西部海底逐渐抬升，原为海中岛的壶公山露出水面成为陆上的山峰，古兴化湾西部变成浅海和沼泽带，渐渐地就有人来围海造田，垦荒植田，因地生蒲，人们就叫这地方为"蒲田"。后频有水患，故去水从莆。因为莆田是海中浮起来的，所以"沉七洲，浮莆田"的民谚，如今还在民间广泛流传。

2.莆田的别称

在莆田历史上，"莆阳"是一个十分常见的别称。自宋代开始，也有个别文人把莆阳一词的指称扩大至包括仙游县，甚至古兴化县。另外，宋代开始，文人还经常用"莆中"一词作莆田的别称。

荔城作为地名，与荔枝有关，福建历史上的荔城多作为莆田县城的别称，后来扩大指称莆田县。

宋代于游洋置兴化县。在此设太平军管辖莆田、仙游、兴化三县。太平兴国五年(980)太平军改称兴化军,军治迁到莆田。元代设兴化路,明清设兴化府。"兴化"寓意"兴德化民",此后成为莆仙地区常用的一个称呼。

除"兴化"外,莆仙还别称"兴安",它源于宋景炎二年(1277)曾把兴化军升为兴安州的历史。"兴安"有"兴旺安康"的美好寓意。

参考文献

中共莆田县委宣传部编:《莆田史话》,福建人民出版社2000年版。

刘福铸主编:《莆田史话》,社会科学文献出版社2014年版。

（二）莆田的建置

莆田置县始于南朝陈废帝，此后历经数次反复，到唐代武德年间才真正稳定下来，河南颍川人陈迈被正式任命为莆田县令。

1.置县前隶属沿革

南北朝之前，境内无县及县以上建制。按地域，夏、商时期属扬州，西周时属七闽地，春秋时属越国，战国时属百越，秦时属闽中郡，西汉前期属闽越国（都治在今福州），西汉后期属会稽郡冶县（县治在今福州）。东汉永和六年（141），分会稽郡为东南二都尉，改冶县为侯官县，莆田地属南部都尉侯官县。三国永安三年（260），撤南部都尉立建安郡（郡治在今建瓯），莆田地属建安郡侯官县。西晋太康三年（282），析建安郡为建安、晋安二郡，莆田地属晋安郡（郡治在今福州）侯官县。西晋元康元年（291），从荆、扬二州分出十郡设江州，莆田地属江州晋安郡晋安县。南朝梁天监元年（502），析晋安郡南部地置南安郡，莆田地属江州南安郡。南朝陈永定元年（557），升晋安郡为闽州（州治在今福州），莆田地属闽州南安郡。南朝陈光大元年（567），改闽州为丰州（州治仍在今福州），莆田地属丰州南安郡。

2.置县后隶属沿革

莆田县陈朝光大二年(568)、隶属南安郡,隋开皇九年(589)、隶属泉州(治所在今福州),唐武德五年(622)至宋乾德二年(964)隶属泉州。宋太平兴国四年(979)至元明清隶属兴化府。民国先后隶属福建南路道、厦门道、福建省、福建省第四行政督察区。1949年8月隶属福建省第五行政督察区。1950年起先后隶属晋江专区、闽侯专区、莆田地区、莆田市。

(1)置县后至清末隶属沿革

南朝陈光大二年(568)、隋开皇九年(589),两度置废莆田县,先后隶属丰州(今福州)南安郡和泉州(今福州)。唐武德五年(622),析南安县地再置莆田县,属丰州(今泉州)。

唐圣历二年(699),析莆田县西部置清源县,莆田、清源二县属武荣州(后改泉州)。唐天宝元年(742),改泉州为清源郡,而清源县改为仙游县,莆田、仙游二县属清源郡。之后清源郡又改为泉州、清源军、平海军,莆田、仙游二县亦属之。

北宋太平兴国四年(979),宋太宗诏以莆田、仙游、永福(今永泰)、福清四县之部分属地置兴化县(治所在今仙游县游洋镇),并在其地建太平军。太平兴国五年(980),改太平军为兴化军,划平海军(今泉州市)的莆田、仙游二县归兴化军管辖,兴化军直属两浙西南路,与建州、福州、泉州、漳州、汀州、南剑州、邵武军合称为"八闽",辖地基本上与今莆田市相同。太平兴国八年(983),军治迁至莆田县城。宋雍熙二年(985),闽地从两浙西南路分出,置福建路,兴化军隶属福建路。

南宋端宗景炎二年(1277),升兴化军为兴安州。同年十月,元军占领莆田,次年改兴安州为兴化路,属江浙行中书省管辖,统莆、仙、兴化三县。至元十五年,设福建行中书省,兴化路属之。元皇庆元年(1312),兴化县治由游洋镇迁到广业里湘溪(今涵江区新县镇)。

明洪武二年(1369),兴化路改称兴化府,隶福建行中书省,辖莆、仙、兴化三县不变。明正统十三年(1448),地处山区的兴化县,虎患严重,病疫流行,人丁渐少,百姓不堪重负,因而裁革兴化县。

清沿明制,兴化府建制不变,仍辖莆田、仙游两县,隶属福建省闽海道。

(2)民国时期隶属沿革

民国二年(1913),撤销兴化府,莆田、仙游两县属福建省南路道管辖。

民国三年(1914),实行省、道、县三级制,莆田、仙游两县属厦门道管辖。

民国十五年(1926),废道,莆田、仙游两县直属福建省管辖。

民国二十二年(1933),十九路军在福建举事,成立中华共和国人民革命政府,划福建为闽海、兴泉、龙汀、延建四省和福州、厦门两个特别市,莆、仙两县属兴泉省管辖。民国二十三年(1934)一月,十九路军"福建事变"失败。国民党南京政府恢复统治。划福建省为十个行政督察区,直至民国三十八年(1949),莆、仙两县均属第四行政督察区。

(3)中华人民共和国成立后隶属沿革

一九四九年十月一日,中华人民共和国成立,福建省分为八个专区及福州、厦门两市。莆田、仙游两县隶属福建省第五行政督察区(驻泉州)。一九五〇年四月起,第五行政督察区更名为晋江专区。至一九七〇年五月莆、仙两县隶属不变。

一九七〇年六月,莆田、仙游两县由晋江专区划归闽侯专区,同时把闽侯专区机关从闽侯螺州迁至莆田城厢。一九七一年四月,改闽侯专区为莆田专区。同年五月,改莆田专区为莆田地区,辖莆田、仙游、闽清、平潭、福清、长乐、闽侯、永泰八县。这是莆田历史上管辖范围最大的时期。一九七三年七月,闽侯县划归福州市管辖。一九八三年五月,撤销莆田地区,原辖属的福清、闽清、平潭、长乐、永泰五县划归福州市管辖。九月建立莆田市(省辖市),莆田、仙游两县属之,至今不变。

参考文献

莆田市方志委编:《莆田市志》,方志出版社 2001 年版。

莆田县方志委编:《莆田县志》,中华书局 1994 年版。

林国平、彭文宇主编:《莆田通史》,社会科学文献出版社 2021 年版。

(三) 莆田的三次置县

在南北朝之前,莆田大地上尚无县级建制。西晋末,永嘉之乱后,中原人为了避难,进行大规模、长距离迁移,莆田和南方各地一样,人口、劳动力增加。经济文化发展也受到影响。在东晋和南朝的两百多年时间里,经过当地人和北方移民共同努力,莆田经济有了较大发展,人口也大量增加,使莆域初步具备了立县的条件。莆田第一次置县时间,据载是南朝陈光大二年(568),县境相当于现今莆田市。县治设在延陵里,治所三面环海,无法筑城墙。且海潮泛滥,水患严重,陆路交通尚未开辟。因此立县不久,陈朝便裁撤了莆田县。

民国莆田县署大楼(今荔城区人大办公楼)

隋开皇九年(589),隋军渡过长江,攻占陈都金陵(今南京),陈国灭亡。中国结束了自西晋"永嘉之乱"以来的长期分裂混乱的局面。在刚刚接管过来的中国南方土地新置许多州、县,第二次设立莆田县,但是莆田许多土地还来不及开垦,人口数量又偏多,官府无法按规定数额分配,更无法按规定数额收赋税,所以第二次立县不久,又被裁撤。莆田第三次置县时间,唐武德五年(622),复置莆田县,武周圣历二年(699),析县西部地置清源县,即今仙游县。宋太平兴国四年(979)析莆田、仙游、永福、福清部分相邻地另置兴化县,建太平军。太平兴国八年(983)军治迁莆田。元、明、清时,莆田县城均为兴化路、兴化府治所在地,号为八闽之一,为闽中政治、军事、文化、经济中心。

对于莆田置县历经数次反复的原因,后人做了一些推测。张琴论莆田首次立县与废县事云:"曷为县废?以县多水也。莆本海滨涨地,多水则地无所利,而居民少,故废之也。"

参考文献

中共莆田县委宣传部编:《莆田史话》,福建人民出版社 2000 年版。

林国平、彭文宇主编:《莆田通史》,社会科学文献出版社 2021 年版。

金文亨、金立敏:《莆田史话》,厦门大学出版社 2000 年版。

刘福铸主编:《莆田史话》,社会科学文献出版社 2014 年版。

（四）仙游设县与隶属

　　莆田自武德五年复县后,经过近八十年的努力,经济有了较快发展,人口迅速增加。为了适应社会经济发展的需要,以及便于管理,根据当时按照户口多寡立县的标准以及将县分为上中下三个等的要求,六千户以上为上县,三千户以上为中县,不满三千户为中下县,其时莆田已具备析县的条件了。圣历二年(699)析莆田县西部另设清源县,并且定莆田县为上县,清源县为中县。县名据说来源于清源镇。县治设在功建里大飞山(今大蜚山)之南五里。清源设县后,与莆田县同隶于武荣州。景云二年(711)武荣州改名泉州,遂隶泉州。天宝元年(742),改州为郡,泉州被改称为清源郡,这样,清源郡下辖有清源县,容易造成混淆。《旧唐书》郡志和县志俱载清源郡别驾赵颐"以郡县同名非便,奏请改之",于是本年清源县就改称仙游县。《唐会要》载:清源县天宝元年八月二十四日(即公元742年9月27日)改为仙游县。

　　关于清源县名改为仙游县的来历,诸志记述不同。唐《元和郡县图志》说:"仙游山在县西三十里,县因以名。"宋《仙溪志》认为"因考故事,谓县有九仙人姓何,以兄弟九人登仙得名,遂改为仙游县,隶清源郡。"明代《八闽通志》《闽书》以及明清县志多沿此说。

参考文献

　　林国平、彭文宇主编:《莆田通史》,社会科学文献出版社2021年版。

　　金文亨、金立敏:《莆田史话》,厦门大学出版社2005年版。

（五）兴化军及兴化县的设置

　　宋太平兴国三年（978），林居裔在游洋发动农民起义，自称西平王，坚持战斗两年，终于被残酷镇压下去，林居裔也壮烈牺牲。为了加强对这个地区的控制和管理，太平兴国四年（979），宋太宗据地图的标志，认为那里地势险要，不容易治理，想用德来教化当地的百姓，就亲自决定，诏即游洋镇加以百丈镇共六里，及析泉州莆田县二里，与仙游县来苏里，福州永福县永泰里，与福清县清元里，而以清元分为东、西、中三里，总一十四里，置兴化县，范围相当于现在莆田市涵江区的大洋、新县、庄边、白沙镇和萩芦镇部分村落，仙游县的游洋、钟山、石苍、象溪等乡镇，以及永泰的岭路陈山头（七斗村）福清东张的漈山、百丈岭、岭下等村落。并设置太平军，县治军治设在游洋。派司农寺丞段鹏来主持县治军治。太平兴国五年（980），改太平军为兴化军，划出平海军（今泉州市）的莆田、仙游二县归兴化军管辖。太平兴国八年（983）军治迁至莆田县城。

　　元朝皇庆元年（1312），县令以县境形势负山、山路崎岖、地狭人稀、舟车不达、货物交流不畅、经济萧条，而广业里湘溪（今涵江区新县镇）居民辏集、地势坦夷、经济较发达、文化积淀深厚为由，奏请迁兴化县治至广业里湘溪。得准迁移县治后，游洋县治被称为旧县，又称古邑，而湘溪县治则称为"新县"。此后，兴化县又延续了一百三十多年。

　　到明初，才把兴化路改为兴化府。

　　正统年间，又因深山地僻，虎患频仍；山区潮湿，瘴疠之害；人口减少,赋役繁重;兵燹祸害,盗寇频起;士族外迁,文化衰落,已没有设县的必要,经贡士萧敏的要求,朝廷颁下诏书对县治进行裁革。

明正统十三年(1448),兴化县正式裁革,距设县的太平兴国二年(977),已有四百七十一年。兴化县撤销时,全县只剩下三百户共四百六十一人。莆田县分得人口一百五十户二百三十人,仙游县分得人口一百五十户二百三十一人。把长乐、武化二乡六个里(即今新县、大洋、庄边、白沙)并入广业里,划归莆田县;永贵一乡的五个里(即今游洋、石苍、象溪、钟山)并入兴泰里,划归仙游县。

注释

兴化县治迁到广业里湘溪的时间,诸志记载不同。《莆田市志》的记载为:"元皇庆二年(1313),兴化县治由游洋镇迁到广业里湘溪。"明代《游洋志》的记载为:"元皇庆元年壬子,邑令以县境形势负山,地窄人稀,时广业湘溪居民辏集,地势坦夷,乃徙县于其地。"本书采用明《游洋志》的记述。

参考文献

(明)周瑛、黄仲昭:《重刊兴化府志》,福建人民出版社2007年版。

(明)周华著,蔡金耀校勘,卢金城注译:《游洋志》,涵江福利印刷厂2009年印行。

中共莆田县委宣传部编:《莆田史话》,福建人民出版社2000年版。

（六）莆田城的变迁

莆田在陈、隋、唐设县时，并没有城。兴化古城，自宋太平兴国八年（983）创筑后，历经五次修筑、扩大而成的。

莆田古城楼

太平兴国八年（983）七月，兴化军移治莆田后，知军段鹏开始筑子城（古称月城，官府廨舍均设于内）以守护官署衙门，周长二里三百一十八步，约合一千五百三十七米，同时，建崇楼亦称"谯门"，于军治之前，以鸣鼓角。又筑土垣为外城，以环居民。土垣茅覆而已，每当下雨就会因雨水淋蚀而损坏城墙，城垣简陋并不牢固。

　　宋宣和三年(1121),兴化军开始全面更筑外城,将原来的土城墙改建为砖城。周长七里八十三步。这是第二次修筑。又开辟五个城门:东门名"望海",以可望白湖海港;南门叫"望仙",因城门面对陈、胡二仙所居之壶山;西门号"肃清",因唐高僧涅槃留有"吾居之地,永不动干戈"谶语;北门为"朝天",因当时从军城出发上京都必由此出,政和三年改为"望京";东北门叫"宁真",因所在有道教天庆观(元代改称玄妙观),又因附近有天然温泉汤塘,俗呼"汤塘门"。各个城门均建有城楼。

镇海门　　　　　　　　　　　　来凤门

迎和门　　　　　　　　　　　　拱辰门

府城四城门石刻(郑朝阳摄影)

　　因原来的砖城逐年崩坏,盗贼出没难防,群众多受其苦,往往移居他处以避之。于是绍定三年(1230),内外城都以石砌,周长一千二百九十八丈八尺,高一丈八十四尺。这是第三次修筑。

　　明洪武十二年(1379),因防御倭寇的流窜,城内驻兵多,觉得城内范围太狭隘,于是指挥程昇奏请扩大城的范围跨乌石山东下,将前埭、后埭都包含在城内。城的筑法仍仿旧制,周长十一里一百四十三步,基广一丈六尺,墙高一丈八尺。城外北引延寿溪水,南引木兰溪水,两者合而为水濠,广一丈六尺,深一丈。西北靠山为旱濠,长五百九十三丈,深与广和水濠相同。这是第四次修筑。

　　万历九年(1581),知府陆通霄认为城西北一隅,即乌石山一半在城内,一半在城外,外高内低,不利防守。嘉靖四十一年(1562),倭寇陷城即从此处攻进城内。于是,扩建西北隅的城墙,把乌石山全部包围在内。这是第五次筑城。

　　莆田城门分东西南北四门:东门叫镇海门,西门叫来凤门,南门叫迎和门,北门叫拱辰门。至民国中修建福厦公路,开辟了南北二处城墙通车,群众称五城门和六城门。

参考文献

林祖泉、康永福:《壶山采璞》,海风出版社2001年版。

林国平、彭文宇主编:《莆田通史》,社会科学文献出版社2021年版。

（七）古谯楼

　　古谯楼，创建于宋太平兴国八年（983），是福建仅存的保存完整的城楼，也是莆田作为八闽之一的行政单位的历史见证。管辖莆田、仙游、兴化三县的兴化军（宋代的郡治）刚成立不久，首任知军段鹏即决定把军治从偏僻的游洋镇迁到莆田，开始"内筑子城，以护官府；外拓土垣，以环居民"。这座谯楼，就是兴化军子城门楼。清代陈池养

古谯楼（郑朝阳摄影）

《登谯楼》云："岑楼作镇仰巍峨^①，百里莆阳竟若何^②！郑白渠开原野沃^③，崔卢族聚故家多^④。青山有日^⑤回佳气，绿水终年障巨波。此会登临聊极目，能无长啸^⑥发高歌？"

注释

①岑：高峻的小山。作者以高峻的小山作喻，形容谯楼巍峨高矗，蔚为壮观，不愧为"壶兰重镇"。

②百里莆阳竟若何：那方圆百里的锦绣美景，竟使"我"一时感到难以形容和莫名兴奋。

③郑白渠：指秦汉时关中著名的郑国、白公二渠。作者以著名的郑白二渠作比较，说明莆阳水利之发达已使得兴化平原成为一片沃土。

④崔：指东汉名士崔骃（亭伯），他以善文直谏著称，史有"亭伯雄词"之谓；卢：指卢耽，相传他眷恋家乡且神通广大，能像仙鹤一样往返朝野。作者以崔卢借代和赞美"文献名邦"人杰地灵，诗书簪缨之望族众多。

⑤有日：有时，时时。第五、六两句具体描述了"登谯楼"所见之大好景观。

⑥长啸：感情激动时发出大声呼啸的叫声。强烈抒发了作者对家乡风物的满腔豪情与热烈讴歌。

参考文献

郑国贤编：《莆田地名荟萃》，政协福建省莆田县委员会编：《莆田文史资料·第十五辑》，莆田县教育印刷厂1991年印行。

中共莆田县委宣传部编：《莆田诗咏》，福建人民出版社2000年版。

（八）地名的传说

莆田建县有一千四百多年的历史了。关于地名的传说和记述形象神奇，内容丰富多彩，有以姓名、郡望命名的，有以地方特色命名的，有以自然实体命名的，有以美好心愿命名的，等等。在这许多地名中，有的是记述莆田祖先反侵略反压迫斗争的英勇事迹，有的是记述劳动人民战天斗地的英雄事迹，有的是记述前人在发展文化、经济等方面所做的贡献，有的是记述该区域自然地理特征，还有的记述一个地方历史的、自然的变迁情况，等等。这是一份非常宝贵的地名文化财富。

1.城厢

莆田县在宋朝时辖地分崇业、武化、永嘉、崇福、感德、唐安六个乡，分领三十四里，那时还没有城厢地名。到了元朝才设置录事司，专管城区附近民间的争斗、诉讼、盗贼等事，下划左、右、东、南四厢，其他各里的民事则属莆田县直接处理。这是城厢地名的开始。

2.涵江

涵江，俗名涵头，早在唐朝，涵江先民便在这里凿塘储水，筑涵泄涝，灌溉农田。贞观初年，人们在涵江北部，开凿"濑洋塘"，它与"储泉塘"、"永丰塘"、"沥浔塘"和"国清塘"成为当年莆田著名的五大水塘。现在塘头的祖先,便是定居灏洋塘边的涵江先民的一部分。人们开垦耕地,多在水塘、水涵周围,这样易于泄涝蓄水,一旦雨季来临,江河之水暴涨,为不至于农田受淹,余水便通过水涵排入海里。现在涵江尾梨巷周围,便是当时水涵头,人们就叫这地方"涵头"。

"涵头"与莆田方言"红头"同音,后人觉得俗气,因为水涵外是海,水涵内是江,后人便雅称"涵头"为涵江。

3.黄石

黄石名称的来由,跟当时莆田鼎盛的文化有关,这个地名是借汉黄石公约张良会于山东谷城山故事而来的。

黄石镇南一座山,原名城山,山上原筑有寨城,故名。古代莆田文人,把山雅化为谷城山,把山下的市镇命名为黄石。又有传说,因古代民众修水利、开凿挖沟,挖得一块黄色巨石而得名。

4.笏石

笏石地名的由来,是由于笏石山上有一块状如玉笏的巨石,当地群众呼为"企石",方志中称"跂石",后来人们取"缙笏朝天"之意,雅化为"笏石",遂一直沿用至今。

5.梧塘

梧塘为莆田北洋重镇,界于平原山地之间。梧塘的来历,据考证是:在宋代木兰陂水利工程未建成之前,吴姓聚居于此,凿塘垦田,建立村庄,因名"吴塘"。清代,他姓迁来渐多,吴姓家族已不是大姓了,人们为求能在科举考试中"独占鳌头",遂取近音字改名为"鳌塘"。至清末,人们以"鳌"字难写,又取"吴"的同音字改写成"梧塘"。

6.西天尾

西天尾古称"霞梧",因地处后卓村前墩之尾,旧时群众习惯称为"前墩尾"。

相传,唐时霞梧村的西边,有一个村庄叫"前墩",这个村正好处在"后卓"山的前面,整个山的山脉,又由西向东伸至霞梧的"虹墩"。传说明朝嘉靖时(1522—1566),澄渚人俞维宇,此人官至湖广左布政,告老还乡之后,就在他的所在之地,设立关卡收税。因其居住的地方,恰好在后卓村前墩的末尾,所以人们习惯地称它"前墩尾",而"霞梧"这个原名,却渐渐地被人遗忘了。

清康熙十三年(1674)前墩尾出了一个武秀才,名叫郑开,有一年殿试中了武进士,当时的主考官,刚好是兴化仙游人,就用家乡方言问他:"你是什么地方人?"

"学生是福建兴化府武化乡尊贤里霞梧境人。"郑开答道。

"霞梧境在哪个地方?"主考官又问。

"霞梧境在前墩尾。"

由于莆仙方言,"前"与"西"谐音,结果这位主考官就把郑开的住址写成"西墩尾"。后来朝廷发给郑开的喜报,地名也写作"西墩尾",从此,官方颁发的文告,都把"前墩尾"写成"西墩尾"。

清朝晚期,外国宗教侵入中国,在西墩尾这个地方,就设有"美以美"和"安息会"两个教会。

为了抵制洋人的侵略,西墩尾群众就仿照"义和团"的做法,利用大家对佛教的信仰,借用《西游记》中唐三藏到西天取经的故事,自发组织了一个以"西墩尾"为名的佛教会,通过这个佛教会,发动群众,与反动势力和腐败朝廷进行斗争。但因势孤力弱,"西墩尾佛教会"

的反侵略活动,终被清政府无情地镇压下去。事后,人们为了纪念这个反清抗洋的群众组织,就把"西墩尾"这个地名,直接称为"西天尾",并把当时群众自发起来斗争的街道,改名"义和巷"一直沿用至今。

7.华亭

华亭位于莆田中南部。木兰溪自仙游经油潭村入莆田境,横贯镇境名濑溪,相传明代黄姓大官在木兰溪畔建花亭,后此处为水运汇转点而成集市,遂名"花亭",因"花"与"华"方言同音,后来衍为今名。

8.渠桥

渠桥乡是以桥得名。境内锦墩村有座桥叫渠头桥,它横卧在木兰溪纵贯莆田南洋平原的支流上,是沟通南北的重要通道。桥跨度二十米,宽三米。渠桥乡就是以此桥命名的。

9.灵川

灵川由来已久。据载,宋代已有灵川里之名,数百年沿称不变。

10.秀屿

秀屿镇地处莆田县南端,与惠安县肖厝隔海相望;三面临海,北接笏石,东西窄,南北长,地貌呈不规则的带形半岛。

秀屿镇,古名醴泉。据传半岛南部象山寺西侧不远之处有一不大的泉,涓涓流水长年不息,尽管百日大旱,泉水仍不干涸,群众称为"龙喉"。醴泉有个东庄村,成立乡镇时都冠上"东庄"的名称。东庄逐步取代了"醴泉"。东庄境内南部有个水深港阔"中国少有,世界不多"的天然良港—秀屿港。为适应港区发展的需要,又将东庄乡易名秀屿镇。

11.忠门

忠门是湄洲湾北岸一个古老的乡镇。

据记载,唐代莆田"九牧林"中的林蕴,唐贞元四年(788),明经及第出身,后征召为西川节度推官。元和元年(806),四川节度使刘辟谋反,派剑子手持刀磨林蕴的颈项,胁迫他随刘辟反叛。可是林蕴毫不畏惧,反而厉声叱骂道:"死即死,我颈岂顽奴砺石耶?"刘辟看他大义凛然,威武不屈,不忍杀他。川乱平息后,林蕴名震京师。元和十三年(818),升任礼部员外郎。不久,出任为邵州刺史。宝历二年(826),因事杖流詹州,卒于途中。咸通十年(869),追谥号"忠烈"。林蕴的曾孙林圉,官居威武节度、武勇将军,后来迁居湄洲湾北岸的浮洲埔,因为他在浮洲亭(今忠门亭)路口立了一个碑坊上刻"忠烈"二字,表其曾祖的事迹,民众习惯把忠烈坊叫作"忠烈门"。后来,人们就把"忠烈门"叫作"忠门",逐渐演变为地名。

12.湄洲岛

湄洲岛,位于台湾海峡西侧,福建沿海中部湄洲湾口。
湄洲岛以岛形似眉得名,岛上有一座闻名海内外的妈祖庙。

13.北高

北高乡位于莆田县东南部,濒临兴化湾,北高街原是附近农、渔民肩挑农副产品和海产品贸易集散地,渐成集镇,故有"肩头店"之名,因地形北高南低而改称北高。

14.东峤

东峤乡地处莆田县东南隅,与二乡(平海、北高)三镇(笏石、忠门、埭头)相接,著名的莆田盐场就在这里。

"东峤"一名的由来,辖地有座白玉山,坐西向东,背靠彭山,形如峤状得名。另一说法是,辖地有一条河道叫峤山,从埭头武盛经境内向东流入大海,故称东峤。

15.埭头

埭头镇位于兴化湾南岸,半岛东南端石城隔海与南日岛相望。

莆田古代人民与海争地,围埭造田,发展农业生产,其定居多以"埭"为名。此地是当时定居中心,形成第一大圩市交易地。"第一"与"头名"意同,故称埭头。

16.平海

平海,位于莆田东南沿海的突出部风平浪静,一片平和气象而得名。历来为国防重地。

明代,洪武二十年(1387),为防御倭寇,设置平海卫,由指挥吕谦负责建卫城。平海卫城是莆田三大城之一。

因常有海啸之威,故平海古称南啸。"南啸归航"是莆田沿海十大胜景之一。这里人民世代以渔为主业。

17.南日岛

南日岛,古名南匿山,至今,埭头、平海一带群众仍称它为南日山,山隐匿茫茫大海中,故名南匿,后因方言同音,又取笔划简单而写成南日。

南日岛位兴化湾口,离石城只有七浬。其南为乌坵屿,北邻福清县的野马屿,东北是平潭的塘屿,历来为莆田、福清两县的海上门户。一九三四年,南日岛被划给福清县,一九三五年改为省辖特种区。一九四〇年划回莆田,设南日乡,包括南日岛及小日、鳌屿、罗盘、赤山等十八列岛,共有岛、屿、哆等七十多个。

南日岛是莆田的一个宝岛,岛上人民历来以渔为主业,南日岛紫菜,味道鲜美,早在南宋就是莆田著名的土特产。

岛上风景优美,其"大峤吐烟"和"尖山望远"是岛上的两大名胜古迹。每当天气晴明,站在尖山顶峰,极目远眺,则台湾和琉球群岛依稀可见。

18.江口

江口镇位于萩芦溪下游,太平溪之畔,原名港口,人们通称江口。以临水环山,山清水秀,如锦绣画图,别名锦江。港口又处于兴化湾之滨,可通海船,有码头供停泊商舟,水陆交通运输两便,成为远近山村,海屿土特产和其地货物的集散中心,商品交易颇盛。

19.常太

常太乡位于莆田县西部,延寿溪上游。宋代为崇业乡常太里,取长治泰安意,故名。为莆田县内少数民族较多的一个乡。

20.白沙

白沙镇是莆田县山区政治、经济、文化交通的中心。

白沙,顾名思义,乃一片白茫茫的沙滩。相传白沙的东面曾经是一片汪洋大海,海水涨潮时直渗西亭田厝一带,至今这一带还有一个"港头"的地名,并曾在这地方发现了船坞的遗址。白沙的大部分地区显然是沙滩地,故从宋朝开始,便有白沙其名,一直沿用至今。

21.萩芦

萩芦乡位于莆田县东北部,乡以溪得名。

萩芦溪是莆田境内的三大溪之一,溪岸芦苇等野草丛生,溪因以名。

22.新县

宋太宗太平兴国三年(978),仙游县人林居裔,以游洋洞(今仙游县游洋乡)、百丈镇(今莆田、福清两县交界处)为根据地聚众万人起事,进攻泉州。翌年,宋军征讨,才告平息。为了加强对这个地区的控制和管理,太平兴国四年(979),宋太宗亲自决定在此险要地区,设县置官,杜绝后患。因而划了莆田、仙游、永泰、福清几个县的边区,建置新的县份,命名为"兴化县",意为兴教化,安人民。当时县治就设在游洋。到了元代皇庆元年(1312),以兴化县治设在游洋,县境形势负山,山路崎岖,交通不便,故奏准把它迁到湘溪,人们因此把湘溪叫作"新县",把游洋叫作"旧县"。

23.庄边

庄边乡位于莆田县北部,萩芦溪上游。北与永泰县岭路乡接壤,西与仙游县游洋乡为邻。宋、元时属兴化县。明代裁兴化县后划属莆田县广业里。当时广业里的山地权属城里黄族,田地权属城里林族。林姓在这里置田庄收租,渐渐成为山区买卖集散地,因名庄边。

24.大洋

大洋乡,位于涵江区北部山区,东界福清市东张镇,南连新县镇,西邻庄边镇,北靠永泰县。大洋乡因政府驻地度口,有一块小盆地,面积约四平方千米,在莆田山区属最大的平川得名。附近山区山货汇集于此,以此自古即成为村集,又名"度(路)口"。在宋、元时,地属兴化县,明代裁兴化县后划归莆田县广业里,万历十九年(1591)曾把原设在秀屿的小屿巡检司迁设在这里,为大洋巡检司。

境内拥有自然景观和人文景观相结合的旅游资源,主要有瑞云山森林公园、永兴岩自然风景区、灯炉寨历史文化村落区、兔洋生态农业旅游区、南岭原始次生林峡谷区、悬钟岭水库休闲度假区、老鹰尖省级自然保护区、闽中司令部旧址纪念馆等景观;有创建于唐代的隆兴寺,省级文物保护单位的永兴岩石窟寺,元至顺二年间的永兴海会之塔,以及天堂院、妈祖宫、兜率院、太子桥、将军坪、广业清源书院、古代兴化府通往福州的古驿道、转水寺、人武桥、宋代武状元薛奕墓、孝池古民居等古遗址古建筑。

参考文献

郑国贤编:《莆田地名荟萃》,政协福建省莆田县委员会编:《莆田文史资料·第十五辑》,莆田县教育印刷厂1990年印行。

莆田市方志委编:《莆田市地名志》,福建省地图出版社2011年版。

二、姓氏及方言

早在新石器时代，境内的庄边、白沙、常太、华亭、渠桥、埭头等地就有人类从事生产活动。

秦、汉以前，境内是闽越族聚居的地方，秦、汉以后，特别是两晋南北朝至唐宋期间，中原汉族因避兵乱，多次大批南迁入闽，其中部分在莆定居成莆田主要人口，他们与当地土著居民一起开发莆田，共同劳动，互通婚姻，逐步同化，成为现代的莆田人。

莆田人口多从中原迁来，其姓氏除蓝、雷、磐、邹、骆、刘六姓原住民外，汉族各姓氏皆由外省迁来。据一九九〇年人口普查，全县计有一百五十八个姓氏。

莆仙方言是由古代中原汉语分化出来的，具有中原汉话的许多特征，而且留存了古越语言成分。莆仙方言区又处于闽东和闽南两方言区之间，使自己的有些语词兼有闽南、闽东两种说法。形成独特的莆仙方言。

（一）莆田姓氏溯源

晋永嘉二年（308），中州衣冠八族迁入闽之前，莆田原有的土著是蓝、雷、磐三姓的畲民和以邹、骆、刘六姓为名的古代原住民。其中刘姓为闽越王无诸的后代的隐姓，有别于北方南下的刘姓。除上述六姓外，莆仙汉族各姓皆由外省迁来。

福建历史上的移民大都来自中原地区，他们或是为了躲避战乱，或是随军入闽，或是因为北方人口众多，人地矛盾突出等原因而弃北南下。汉代以后，福建历史上曾有过几次大规模的北民南迁。

第一次在三国孙吴政权时间。东汉末年，孙吴集团崛起江东，建立吴国，为扩展势力范围，先后五次派兵入闽，在福建设立建安郡，推动了大批北方汉民入闽。

第二次在魏晋南北朝时间。司马氏诸王为争夺统治权，展开了极凶残的内战，西晋统治集团势力消耗殆尽。北方少数民族乘机相继起兵反晋。永嘉二年（308），匈奴贵族刘渊在平阳（今山西临汾）称帝，派兵攻打洛阳，永嘉五年（311）攻下洛阳，大量北方人口为躲避战乱，从中原迁往长江以南。这次移民历史上称为"衣冠南渡"[①]，八姓[②]入闽。

第三次在唐朝初年。闽南发生骚乱，唐高宗派陈政到福建平乱。这次移民包括陈政率领的唐朝部队，以及随从幕僚、眷属等达万人。

第四次在唐朝末年，王绪、王潮、王审知率领五千人马与中原一带民众数万人进福建，后来建立闽国。

从五代到宋元，均有大批民众陆续自北南迁。

林氏之先,居下邳桐梓县,晋黄门侍郎林禄,从元帝渡江为晋安太守,因家侯官,至唐始居瀛州刺史玄泰,始居莆之北螺村(今西天尾镇林峰村),其孙披,徙居陈渚(后改名澄渚)。③

郑氏入闽始于西晋。晋惠帝时,荥阳郑桓公第三十九代裔孙郑庠,官吴孙权车骑长史,平南将军,迁安东太守(治在零陵县西)。因发生八王争夺政权的战争,即"八王之乱",避居安徽寿春山。于怀帝永嘉元年(307)八月,挈家渡江,居江苏丹阳郡秣陵县(今江宁县),为渡江第一代始祖。

郑庠次子郑昭,字元质。随父渡江,为晋龙骧将军,封开国候,先后任建安(今建瓯)、泉州(旧泉州今福州)刺史。郑昭入闽时初居侯官(今福州),转永福(今永泰县),尝游莆田南山,因受南湖山水之秀所吸引,就把荥阳先祖骨骸迁来,卜葬于南山。史称"郑十二坵"。郑氏尊郑昭为入闽始祖。

陈氏,河南固始之姓氏。唐武德二年(619),陈迈为莆田县令,是莆田县首任县令,为陈氏入莆始祖,家于莆刺桐巷。④

黄氏,河南固始之姓氏。黄知运,晋时为永嘉守,子元方为晋安守,始迁闽之侯官,至唐明皇时桂州刺史岸,以其子谣为闽县令,始迁莆涵江黄巷居焉。⑤

詹氏,唐时秘书省詹衍之子詹曦,自河南光州固始入闽,任福州司法参军,为入闽始祖。詹曦之第六代孙詹广的长子詹麟、官大名府宣教,迁莆田待贤里前王村,为入莆始祖。⑥

邱氏,西晋永嘉二年(308),邱夷自河南光州固始入闽,官任参军给事中,居晋江清源(今泉州市),邱夷第五子邱元之,传至后唐天成元年(926)邱贞,同进士出身,官真州刺史,由晋江迁仙游文贤里,为邱氏入仙始祖。邱贞传至八世孙邱微之,蔡襄女婿。宋乾道二年(1166)进士,枢密院都监,由仙游徙居莆田左刺桐巷(今文献社区坊巷)为邱氏莆田开基祖。⑦

何氏,唐乾符元年(874),从安徽太和迁入莆田,居于莆田何寨。

胡氏，宋端平间(1234—1236)奉议郎胡肃,官兴化军教授,由江西南丰入莆,因世乱避居奉谷里西湖(今埭头镇一带),为胡氏入莆始祖。⑧

八大姓以外定居莆仙的还有:

蔡氏,唐末浙江钱塘的唐屯田员外郎蔡彦礼之子用元、用明,以及彦礼之弟蔡镐,从浙江徙至同安,后也随移民潮进入莆阳。蔡用元成为莆阳蔡氏一世祖。⑨

方氏,唐末从河南固始迁入莆田刺桐巷(方巷)。

龚氏,唐末从浙江钱塘迁入莆田。⑩

俞氏,唐末从河南固始迁入莆田刺桐巷。⑪

余氏,祖籍河南固始县,唐末余氏入闽始祖余青第五子余魁,由建阳徙居莆田黄石(今水南村度尾)。⑫

杨氏,祖籍河南光州固始。唐防御史杨盈入闽后,初居福州。其长子杨珊,官莆田县尉。遂迁莆田,为杨姓入莆始祖。⑬

刘氏,祖籍河南光州固始。唐代宗大历四年(769),泉州别驾刘韶卒于官。其子刘友扶枢归籍,途经莆田时值"安史之乱",刘友乐莆俗淳厚,弃归,择涵江沙坂(今涵江保尾)定居。刘友尊父为入莆一世祖。⑭

吴氏,《延陵吴兴宗谱》记载:吴兴,祖籍延陵郡,唐高宗年间(650—683),率胞弟吴瑞、吴良其子侄十数人,自江西豫章入闽营商(一说武周永昌元年(689)避"则天乱政"随父入闽)。卜居莆田县城北华岩山下,为莆田延陵吴氏祖。⑮

崔氏,光启至天祐年间(885—907),从山东迁入莆田。⑯

王氏,唐末,王潮、王审知率兵入闽,族亲王瑛随之,居于泉州石鼻村。王瑛孙子王拔自石鼻村迁莆田凫山(即江口前王)为王氏莆始祖。⑰

潘氏,后唐(923—936),从河南荥阳迁入莆田。⑱

柯氏,唐僖宗光启二年(886),河南光州固始人柯亮,从王审知入闽,寓居福州,后迁居泉州。柯亮传至四世柯宝,后晋天福元年(936),由泉州晋江徙居莆田县武盛里西山古楼,为柯氏入莆始祖。[19]

张氏,五代(907—960),从永泰迁入莆田横塘,其后裔分居沙堤、赤岐、洋埭、岐尾、长基、马洋、南日各处。[20]

康氏,后唐天成、长兴年间(926—933),迁入莆田霞江。[21]

傅氏,唐广明元年(880),河南光州固始人傅实随赵国公李镇入闽,官威武军节度招讨使,遂宅泉州东湖,其后移居南安。傅实之孙傅瑞,于后唐同光年间(923—925)从南安迁入仙游赖店罗峰开基。其裔子孙至今已衍传莆田多地。[22]

阮氏,祖籍河南陈留、东晋入闽,迁入仙游金沙。[23]

李氏,后汉乾祐年间(948—950),迁入仙游汾阳。[24]

孔氏,孔子四十一世孙、曲阜人孔仲良于大和三年(829)为莆田县令,家涵江。[25]

罗氏,"唐兴化令殿撰季子罗斌由沙县迁游洋,遂婚于崑山(即翁山),因家焉"。[26]

董氏,河南光州固始之姓氏,"唐吏部尚书董勇由晋安迁莆,居南门外"。

薛氏,"唐补阙薛令之,长溪人,六世孙延辉为百丈镇将,因家于莆"。[27]

洪氏,"始祖洪忠,唐京兆万年县胄桂里人,子邕,唐神龙初进士,官太子太傅,与李林甫不协。开元四年(716),上书乞归,旋被谪入闽,始居兴化",其后裔子孙亦逐渐向闽南各地分迁。

徐氏,徐洪,官授国子上舍。唐天宝八年(749)衢州乱,自浙江衢州龙游县入闽,居莆田崇仁里(今庄边徐州村),世人尊徐务为延寿徐氏一世祖。唐大中二年(848),二世祖徐珍,举明经,官任睦州司仓。归隐后居延岩麓溪南(今莆田延寿),与弟徐玖、徐琉同住。其后徐玖迁建安(今建瓯),徐琉迁莆田壶公山麓。[28]

江氏，"唐天宝中，东华村有江仲逊，世为医，其女名采苹，高力士使粤过莆，选入宫，是为梅妃，今江东江姓其后也"。㉙

游氏，"唐中叶时，大理寺评事游植为泉州别驾，道经莆阳，爱紫霄之胜，卜居山下后埔村，子孙聚族于是，其散居东门者甲科最盛"。㉚

许氏，"唐许辅乾为泉州刺史，家于莆，其子许稷，登贞元十八年(802)进士，子孙聚族于武盛里许厝、东峤、文里后山、后东坡，新兴里后枫"。㉛

欧阳，"唐欧阳詹自晋江来莆，读书于南山，登贞元八年(792)进士，卒葬于南山，子孙遂家于莆"。㉜

翁氏，"唐中叶后，有翁轩，以朝请大夫入闽，其长子散骑常侍名何，居莆田，孙承赞，登乾宁三年(896)进士第，官左拾遗"。㉝

欧氏，"唐欧志学，官广东潮阳县，后迁莆，子孙散居铁灶、东田、澄塘、白沙、城厢各处"。㉞

陆氏，宋丞相陆秀夫入闽抚民，娶仙游枫亭蔡日忠女荔娘生子陆钊，后陆秀夫负帝同溺。陆秀夫即陆氏之入仙游始祖。

谢氏，自光州固始辅王审知入闽，旋居于来苏里何岩。

叶氏，因避黄巢扰，由丹阳徙闽，居仙游北岩，继迁古濑。

朱氏，唐末宰相朱敬则的八世孙朱玑，于唐末从河南固始迁入莆田居黄石琳井。朱玑，唐户部尚书朱光启之子，唐咸通年间(860—873)进士，官历临安县尉、会稽户椽、防拒团练使。唐末黄巢农民起义，朱玑受命组织团练兵勇，抗击黄巢军，朝廷以功授朱玑为古田县令。广明间，尚橄至莆，悦莆之山水，遂卜筑于水南(今黄石)定居开族。㉟

留氏，于宋开宝间任莆田县判官，因爱莆田赤湖山水之胜遂定居于此处。

苏氏，唐僖宗间，苏威五世孙苏益，河南光州固始人，任山西隰州刺史，随王潮、王审知入闽，官泉州押卫都统使。致仕后泉郡永丰里

(今同安卢山)。次子苏光谓,初居永春桃林,其第五子苏谛,又从桃林卜居眉山境同安乡兴安社苏厝村(今三江口镇芳山、锦墩一带),为本支苏氏入莆始祖。㊱

宋氏,莆田宋氏当属唐名相宋璟后裔宋骈。自河南固始伺奉祖父宋易、祖母王氏及父亲宋达入闽仕官,唐乾符三年(876)。因避战乱,宋易一家再迁入莆,先寓居城郊阔口仓后,后定居在莆田城关后埭龙坡十八店(今北大路),并拥有百多年的荔枝树,其因树后人称"唐荔宋家香",世尊宋易为莆田宋氏入闽、入莆始祖。㊲

萧氏,宋宣和年间,萧曦十世孙户部郎中萧潢,自长乐迁徙莆田五侯山北偶岱石(今荔城区北高镇岱峰村),因萧潢"车驾至莆,爱壶山兰水之胜,既海滨邹鲁之人文,爱卜居于城东浮棠"霞霄、(今荔城区梅峰社区居委会后塘),为萧氏入莆始祖。㊳

卓氏,世居河南固始。卓氏入闽始祖卓祎,生子卓宏,晋永和年间(345—356)任晋安刺史,居于闽,卓宏生卓汴,官上柱国尚书驸马都尉,其六世孙卓隐之,讳基,唐贞元十三年(797)出任莆田县令,遂家迁于莆。为入莆始祖。㊴

一九九〇年人口普查莆田县现有姓氏计有一百五十八姓。

晋代入境有林、黄、陈、郑、詹、邱、胡、何、柯等姓;

唐代入境的有董、翁、龚、江、余、徐、崔、潘、高、罗、宋、杨、张、王、方、唐、凌、周、刘、游、欧阳、孔、李、许、蔡、谢、傅、朱、卓、康、汤、茅、伍、毛、辜等姓;

宋代入境的有洪、雍、祁、俞、庐、庄、陆、苏、章、黎、肖、邹、梁、程、留、阮、廖、范、郭、石、赵、魏、喻、戴、曾、叶、彭、薛、颜、田、孙、尹、钱、顾、靳等姓;

元代入境的有姚、马、郝、穆、任、佘等姓;

明代入境的有冯、庞、池、扶、倪、安、官、曹、丁、侯、金、严、蚁、武、柳、邓、易、骆、白、岳、温、沈、蒋、关、史、吕、倪、鲍、涂、韩、蒲、夏、段、昌、常、扶等姓;

　　清代入境的有童、施、原、简、闵、席、清、麻、出、季、汪、赖、薄等姓。

　　还有畲姓蓝、雷、车、钟四姓。

注释

　　①衣冠南渡："衣冠"指衣服和帽子,也用来形容缙绅和名门世族。

　　②八姓:一般指林、黄、陈、郑、詹、邱、何、胡。

　　③朱维幹:《莆田县简志》,方志出版社 2005 年版,第 13 页。⑤注同此。

　　④林国平、彭文宇主编:《莆田通史》,社会科学文献出版社 2021 年版,第 50 页。第⑩、⑪、⑯、⑱、⑳、㉑、㉓、㉕、㉖、㉗、㉙、㉚、㉛、㉜、㉝、㉞注同此。

　　⑥到⑨莆田市方志委编:《莆田市姓氏志》,方志出版社 2010 年版,第 378,365,351,138 页。

　　⑫到⑮莆田市方志委编:《莆田市姓氏志》,方志出版社 2010 年版,第 306,200,167,103 页。

　　⑰、⑲、㉒莆田市方志委编:《莆田市姓氏志》,方志出版社 2010 年版,第 154,293,320 页。

　　㉔(南宋)黄岩孙:《仙溪志》,福建人民出版社 1989 年版,第 15 页。

　　㉘莆田市方志委编:《莆田市姓氏志》,方志出版社 2010 年版,第 228 页。

　　㉟到㊴莆田市方志委编:《莆田市姓氏志》,方志出版社 2010 年版,第 188,278,435,330,400 页。

参考文献

莆田市方志委编:《莆田市姓氏志》,方志出版社 2010 年版。

莆田市方志委编:《莆田市志·第一册》,方志出版社 2001 年版。

莆田县方志委编:《莆田县志》,中华书局 1994 年版。

林国平、彭文宇主编:《莆田通史》,社会科学文献出版社 2021 版。

朱维幹:《莆田县简志》,方志出版社 2005 年版。

王坚德主编:《福建历史》,福建人民出版社 2018 年版。

徐晓望主编:《福建通史·第二卷·隋唐五代》,福建人民出版社 2006 年版。

陈光荣编著:《寻根揽胜兴化府》,海风出版社 2000 年版。

莆田市南湖郑氏委员会编:《南湖郑氏文化源流史略》,莆田市南湖郑氏委员会 2002 年印行。

宋国桢主编:《郑氏宗族史》《历代郑氏名人传略》,荥阳郑氏研究会 1994 年印行。

（二）莆仙方言的形成

　　莆田市史称兴化，又称莆阳。兴化话通称莆仙方言，为闽方言五个次方言之一。

　　莆仙方言来源于中原古汉语。莆仙方言是由古代中原汉语分化出来的，其形成过程首先与历代人口的迁徙有关。两晋南北朝至唐宋期间，大批北方汉人因避战乱而南迁进闽，其中部分入莆定居，带来了当时的中原话。他们与闽越人共同劳动，开发莆田，彼此通婚，繁衍生息，逐步同化。所以在自成体系的莆仙方言中，既有本地土著的方言，也有大量的晋唐古音。同时，莆仙方言的形成也有地理位置影响的因素。莆仙方言本应该属于闽方言中的闽南区，由于莆田地近福州，不断受到闽东方言的的影响，使自己的有些语音特点，同于或类似于福州话，有些语词兼有闽南、闽东两种说法。

　　莆仙方言，虽然带有许多闽南话或闽东话的特征，但其本身是一个有机系统，并不是两种方言的简单混合，因此其往往有不同于闽南话或闽东话的特点，无论是继承闽南话的成分，还是借用闽东话的成分，都经过系统自身的整合，体现自身独立发展演变的特征。

　　莆仙方言分为文读与白读两种，文读即一个字词照字面读出；白读即平常人说话读音。文读有点接近普通话，过去叫官话。所以古时莆田有许多才子在京城当官，甚至给皇帝当老师，他们的读音并不受到排斥，完全与外省人一样表达准确，容易沟通。白话通常就是平民百姓用交流语言，多存古音，许多话只有语音，没有文字，莆田人自己就形容"阿骚讲无字"。

莆仙方言语汇与其他闽方言比较有很大的一致性,有很多词语与闽南话相同,又有一大部分说法同福州话接近,也有两者兼收并蓄的,当然亦有一部分系莆田独特说法。

参考文献

莆田市方志委编:《莆田市志》,方志出版社 2001 年版。

莆田县方志委编:《莆田县志》,中华书局 1994 年版。

蔡国妹:《莆仙方言研究》,厦门大学出版社 2016 年版。

中共莆田县委宣传部编:《莆田风情·莆田话》,福建人民出版社 2000 年版。

三、开莆来学

"开莆来学"四个大字，是为纪念郑氏兄弟开创莆田教育事业而立的牌坊。

　　唐德宗贞元间，名儒郑露与其弟郑庄、郑淑自永泰来莆祭扫祖坟，见南山一带依山傍水，景色宜人，环境幽静，是个结庐讲学的好地方，于是他们就在凤凰山麓重建"湖山书堂"，收生徒，教授莆田子弟读书习儒，传播了儒家文化，开创了莆田文化教育的先河，播下文献名邦的种子。莆田地域的教育文化事业从此开始了。

　　郑露兄弟创办的湖山书堂，激发了莆人的聪明才智，功不可没。人们为了纪念郑氏三兄弟开莆田教育先河的功绩，便立"开莆来学"牌坊来纪念他们，并尊称他们为"南湖三先生"。

（一）南湖三先生

郑昭，河南荥阳人，晋永嘉年间，随父渡江，为晋龙骧将军[①]，封开国侯[②]，先后任建安（今建瓯）、泉州（今福州）刺史[③]，旋迁侯官（今福州）。故昭为郑氏入闽始祖。昭入闽初居侯官，转永福（今永泰县）。他尝游莆田南山，因受南湖山水之秀所吸引，就把荥阳先祖的骨骸迁来，卜葬于南山。史称"郑十二坵"。南山即今莆田市城厢区凤凰山，海水当时直浸山下象湖，古称南湖。

陈武帝永定二年（558），国姓五十二世祖（入闽十二世祖）伯纯（官车骑征西大将军[④]）与三弟伯文（官司农卿[⑤]）为续修郑氏族谱事来莆田南湖山祖坟侧，构筑"湖山书堂"，一边守坟，以寄孝思，一边讲学授业。时伯纯长子郑膺在泉州（今福州）任刺史，闻知父亲、叔父来莆，即来莆探亲并祭拜祖先。是夜梦"乞舍为庵"，父、叔、子三个商议后，遂舍地建庵。庵初名"金仙庵"，隋开皇九年（589）改名灵岩寺，宋太平兴国元年（976）改称"广化寺"。寺立后，移祖坟"郑十二坵"于西峰"湖山书堂"之侧。所以民间传说"未有兴化，先有广化"，"未有佛堂，先有书堂"。

唐德宗贞元元年（785），国姓五十六世（入闽十八世）唐太府卿[⑥]郑露和弟弟中郎将[⑦]郑庄、常州别驾[⑧]郑淑三兄弟因朱泚、李希烈之乱，遂辞官南归。由侯官（福州）入永福（永泰）转莆田。卜居南湖山祖坟侧。重构"湖山书堂"继承祖德，开课讲学，潜修德行，研修儒业，吟诵诗书，莆人化之。这是省内志乘记载最早的一所书堂，也是民间学校。时称"南湖三先生"是郑氏入莆始祖。

开莆来学木坊

相传为文天祥书《南山樵荫》石刻（郑朝阳摄影）

嗣后,三公为进一步发展振兴中华民族文化,郑氏兄弟一分为三:郑露仍居莆田,为莆田诸郑始祖。

郑庄分居浔阳(兴化县游洋),为浔阳郑始祖,筑"浔阳学堂"授徒训子。

郑淑迁居仙游巩桥(今仙游濑店圣泉)为仙游巩桥郑氏始祖,筑"巩桥学堂"授徒课子。

郑露兄弟入莆,带来中原文化,在莆田办学,传播文化知识,开创莆田文化教育的先声,播下文献名邦的种子。为纪念郑露兄弟,后人在书堂原址建有"南湖三先生"祠。其石匾"南山樾荫",相传为宋文天祥所书。在城内后埭(今城厢区英龙街龙坡社)建坊,匾"开莆来学"。又在今广化寺口建坊,匾"倡学闽南"。北宋进士蔡高诗云:"凤麓三君子,道风满八壶。先生如不出,莆海无真儒。"南宋大儒朱熹对"南湖三先生"评价也很高,其《题南湖书堂》写:"倡学功高泽且宏,庆

湖山书院(郑朝阳摄影)

流奕叶盛云祁。三贤文献俨然在,雪案薪传夜夜灯。"清代陈池养有《郑南湖书堂》赞曰:"凤凰山下海潮生,不辍弦歌弟与兄。八姓衣冠安乐土,一庭风雨宝荣名。咸知砥砺成邹鲁,渐觉联翩絷宋明。造士今来贤太守,犹听两岸读书声。"

注释

①龙骧将军:杂号将军。西晋始置。在北朝地位较高,为三品;南朝梁、陈时为七品。

②开国侯:封爵名称,北周置。北周"有公、侯、伯、子、男五爵者,皆加开国"。隋沿之,为正二品。

③刺史:州长官。汉武帝元封五年(前106年)始置部(州)刺史。汉之刺史犹明清之巡按御史,魏晋以下之刺史犹明清之知府及直隶知州也。

④车骑征西大将军:西汉重号将军,高祖初年始置。东汉章帝时,在诸卿之上;和帝时,位次司空。隋时,秩正五品,与汉制异。唐废。

⑤司农卿:汉有司农卿,北齐设司农寺。隋唐宋沿置,长官为司农卿、少卿,主管粮食积储、京官禄米及园池果实等。从四品上。宋神宗时,为推行新法的重要机构,青苗、农田水利、募役、保甲等法都由其制定和推行。元以后废。

⑥太府卿:南朝梁天监七年(508)始置,掌领财物库藏,兼掌营造器物。唐太府寺,掌受四方贡赋,出纳百官俸秩。明以后不置。

⑦中郎将:皇帝的侍卫官,位次于将军。

⑧别驾:府、州佐吏名。汉置,唐初掌副府州之事,纲纪众务,通判列曹,岁终则入朝奏计。

参考文献

中共莆田县委宣传部编:《莆田人物》,福建人民出版社2000年版。

莆田市姓氏源流研究会南湖郑氏委员会编:《南湖郑氏文化源流史略》,南湖郑氏委员会2002年印行。

徐连达主编:《中国历代官制大词典》,广东教育出版社2022年版。

(二)"文献名邦"饮誉神州

"文献名邦""海滨邹鲁"是明代后期几任莆田县令竖的牌坊。在中国沿海号称"海滨邹鲁"的地方不止一处,而并称"文献名邦""海滨邹鲁"者却只有莆田一地。这绝不是自我标榜,而是唐宋以来莆田教育兴旺、文化繁荣、人才辈出、科甲鼎盛的真实写照。

所谓"文献名邦",宋代大儒朱熹在《四书集注》注解说:"文,典籍也;献贤也。"即指历史典籍和贤能人才辈出的著名乡邦(地方)。

莆田文人墨客不但人数多,且勤于著书立说,给后世留下了丰富而宝贵文化遗产。据不完全统计,历史上有著述的莆人有一千多人,著作总数四千多部。清代《四库全书》就收有十部七百四十八卷,一直居于福建乃至全国的前茅。

自唐直至明代,莆人在朝廷六部中,先后担任户、礼、兵、刑、工五部尚书[1]职务的有十一人,他们是:户部尚书翁世资,礼部尚书陈俊、曾楚卿、陈经邦、周如盘、朱继祚,兵部尚书郭应聘,刑部尚书彭韶、林俊、林云同,工部尚书康大和。所以莆人一直有"六部居五部"之称。

注释

①尚书为六部主官,副贰为侍郎。

参考文献

中共莆田县委宣传部编:《莆田史话》,福建人民出版社2000年版。

林国平、彭文宇主编:《莆田通史》,社会科学文献出版社2021年版。

（三）文献名邦来历

莆田县内的府衙、协政衙、县衙、府学和县学，在通大街的巷路口都有木牌坊，北称"淳风"，南称"善俗"。明嘉靖十年（1531），莆田县知县王钜修建县衙，将"善俗"坊改为"文献名邦"，这是莆田称"文献名邦"之始。嘉靖十一年（1532），倭寇入城，官衙民舍尽遭烧毁。后三年，知县徐执策重建县衙及两座牌坊时，题北坊为"海滨邹鲁"，南坊为"莆阳文献"。至万历十六年（1588），知县孙继有又改北坊为"壶兰雄邑"，南坊为"文献名邦"。这两座木坊存了三百多年，至一九四六年春，"文献名邦"坊和一百多家店房在火灾中成灰烬。"壶兰雄邑"坊直到五十年代扩宽县巷和衙后街路面时拆掉。

地域要获得这个美称，必须具备"文"和"献"这两个基本条件。"文"是雄厚的文章著述，"献"是杰出人才辈出。"海滨邹鲁"中的"邹"指孟子的家乡，"鲁"指孔子的家乡，两者都是春秋战国时期文化教育最为发达的邦国。明代后期，莆田竖起"文献名邦""海滨邹鲁"的牌坊。莆田虽为小邑，但儒风特盛，无论是从教育发达，科甲鼎盛来看，还是从文化氛围，学术成就来说，把这两顶桂冠戴之莆阳，都不为过。

一是教育发达。早在立县前，梁、陈间，就有名儒郑露三兄弟"开莆来学"在凤凰山下建书堂讲学，带来中原的文化，开创了莆田教育之先河，翻开了莆田文明史的崭新一页。

莆田县在贞观年间（627—649）办起县学。这期间莆田还涌现出一批著名的私人书堂，唐代福建书院有二十余所，莆田便占了七所。呈现出"过客不需频问姓，读书声里是吾家""人家不必论贫富，唯有读书声最佳"的动人景象。

"文献名邦""海滨邹鲁"匾（郑朝阳摄影）

春宫嘉客坊

（为明礼部尚书陈经邦之祖、父立）

大宗伯坊

（为明礼部尚书陈经帮而立）

大司马坊

（为明兵部尚书郭应聘而立）

平章硕辅坊

（为明文渊阁大学士周如磐而立）

　　唐代书堂扩展，宋代设军，随着科举中式的增多，莆田教育日渐发达，曾有"十室九书堂"的景象，出现"家贫子读书"的良好风气。

　　明代，朝廷对兴办教育十分重视，加之莆田社会与经济得到发展，为多种多样教育形式的出现和完善提供了良好条件。从明初起，莆田逐步形成比较完整的地方教育体系，包括府县学、书院、私学等。明代府学一所、县学二所、卫学一所的官学教育格局。

　　蓬勃兴起的官学和私学，促进了莆田教育的普及，为学子一心向学，进取科第提供了良好的客观环境。

　　二是科甲鼎盛。据方志和史料统计，自唐初到清末的一千二百多年，莆田县举进士的共有一千七百七十九人，其中武进士二十五人，状元七人（武状元一人）、榜眼五人、探花四人。

　　更有许多科甲风流，至今传为佳话。有"一门九刺史"的，即唐代林披的九个儿子都是"刺史"，史称"一门九刺史"。有"一门五学士"的，即唐末黄璞一家父子五人同任馆职。有"一科两状元"的，宋熙宁九年（1076），徐铎为文状元，薛奕中武状元，宋神宗赞曰："一方文武魁天下"。有"魁亚同榜"的，即宋绍兴八年（1138），黄公度中状元，陈俊卿中榜眼，世称"魁亚占双标"。

　　三是人才辈出。自唐宋以来，直至明，莆田不仅科甲鼎盛，而且英才辈出，群星灿烂。涌现许多有全国性影响的人物，如唐闽中文章初祖黄滔、宋史学大家郑樵、理学家林光朝、爱国宰相陈俊卿、爱国诗人刘克庄、民族英雄陈文龙、明执法如山的彭韶、地方志专家黄仲昭、"三一教主"林龙江、清末直声震天下的江春霖等一代名臣。

　　四是著述宏富。自中唐以后，莆田文人墨客云集，学者勤于著书立说，各种著作浩如烟海。据莆田文史专家陈长城先生考证，单莆田一县历代记载有著作者唐代有十六人、宋代二百五十一人、元代二十七人、明代四百六十五人、清代二百七十人。著作数量是唐代二十五部，存十二部；宋代二千六百三十二部，存六十一部；元代六十部，存六部；明代八百四十四部，存一百二十五部；清代四百七十部，存一百三十二部。据不完全统计,仅莆田县各类著述就达三千余种,传统戏本八千余册。为《四库全书》所收录的有四十三部,共七百四十八卷,又副集三百四十三卷。收入《全唐诗》的二十二人四百三十五首,占八闽三分之二;收入《全宋词》的十一人,占八闽三分之一;收入《四库全书存目丛书》六十部一千二百三十六卷。这个数量在福建省是首屈一指的,在全国也不多见。在莆仙著作之林中,影响较大的有宋代郑樵的《通志》、蔡襄的《茶录》《荔枝谱》、刘克庄的《后村先生大全集》,郑纪的《归田录》等。

五是藏书非常丰富。宋代,兴化藏书也非常丰富,"藏书之多在全国首屈一指"。藏书多寡,往往是一个地区教育文化兴盛与否的一个重要标志。宋代,兴化士子视书如同命根子。许多人把书籍视作传家宝,传给儿孙后代。

宋代,兴化不但军学、县学藏书多,书院也纷纷藏书,甚至寺庙也收藏大量书籍,出现众多的私人藏书家,其中突出的有:方略,兴建万卷楼,藏书一千二百笥;方渐,兴建富方阁,藏书数千卷;郑寅,兴建衍极堂,藏书数万卷;方于宝,兴建三余斋,藏书数万卷;余日华,兴建拮英阁,藏书万卷;谢江,兴建经史阁,专门藏书;方万,兴建一经堂,藏书数万卷;李氏,兴建藏六堂,藏书万卷。宋代,兴化大量藏书的还有林霆,家中藏书数千卷。郑可复,家中藏书数千卷。林伸,家中藏书数千卷。薛元鼎,家中藏书四万卷。蔡氏,家中藏书万卷。方嵩卿,家中藏书四万卷。吴叔告家中藏书数千卷。

兴化丰富的藏书,为学子饱读经史诗书创造了极好的条件,也为宋代兴化学人著书立说,提供了十分有利的条件。

参考文献

郑国贤编:《莆田地名荟萃》,政协福建省莆田县委员会编:《莆田文史资料·第十五辑》,莆田县教育印刷厂1991年印行。

蔡庆发、王宝仁编著:《文化概谈》,福建人民出版社2003年版。

许更生、林祖泉编著:《兴教育人》,福建人民出版社 2003 年版。

刘福铸主编:《莆田史话》,社会科学文献出版社 2014 年版。

陈光荣编著:《寻根揽胜兴化府》,海风出版社 2000 年版。

金文亨、金立敏:《莆田史话》,厦门大学出版社 2005 年版。

四、『一邑半榜』冠八闽

因为莆田在福建乡试中,中举人数多次占全省的近一半,故有"一邑半榜"之美誉。

明代,福建省乡试共举行八十九科,每科录取举人九十名,兴化府乡试中举者达一千八百多人,其中莆田县每科中举人数达三十人以上的有十六科,占全省同科录取人数的三分一以上,特别是明景泰四年(1453)癸酉科,全省录取举人九十人,莆田人中举者四十六人,占全省乡试中的半数多,八闽为之轰动,时有"一邑半榜"之誉。

（一）中国的科举制度

科举是选拔官员的制度，主要以考试成绩决定取舍。考试的科目很多，按种类划分，主要有贡举（指科举中的"常科"）、制举（指科举中的"特科"）、武举、童子举。贡举中有秀才（考方略）、明经（考经学）、进士（考经史、诗赋、试策，即时务）、民法（考法律）、明字（考书法）、明算（考算术）、史科（考史学）、开元礼举（考《开元礼》）及道举（考道家著作）、童子（兼考诗赋和经学）、俊士等。此外，还有制举和武举两科。制举有贤良方正、直言极谏、才识兼茂、明于体用等科目。在这些科目中，只有进士科的第一人称状元，武举进士第一人称武状元，其他各科第一人均不称状元。

1.科举考试分三级进行

科举考试是分级进行的，进士及第者需逐层选拔，方能脱颖而出。唐代及五代一般分解试、省试两级。宋太祖开宝六年（973）创立殿试制度，始成为三级考试。

（1）解 试

解试或称乡试。乡试三年举行一次，在府、州举行。明、清时的乡试于顺天、应天二府及各省省城举行。参加解试及格的叫举人。第一名称"解元"。

（2）省 试

省试或称会试。解试合格的举人于次年正月参加礼部主持的省试。南宋改为二月,清改为三月。省试合格,即赐及第,不合格,则黜落之。

唐代省试合格即为进士及第;宋代之后,省(会)试合格只是取得参加殿试的资格。宋代省试合格,称"过省进士""礼部奏名进士",其第一名称"省元"。明、清会试合格者被称为"贡士"其第一名称"会元"。

（3）殿 试

殿试是由皇帝亲自主持的对省(会)试合格奏名举人的复试,又称御试、亲试、廷试。

宋代殿试,一般在解试次年三月举行。殿试名义上由皇帝主持,但具体事务仍由临时派遣的其他官员办理。殿试放榜之前,需将前十名进士的试卷呈送皇帝最后确定名次先后。殿试分一、二、三甲,以为名第之次。一甲止三人,曰状元、榜眼、探花,赐进士及第;二甲若干人,赐进士出身;三甲若干人,赐同进士出身。

2.状元榜眼探花的由来

状元,状者,榜也,元者,首也。唐玄宗开元二十四年(736)以后进士归礼部试,进士中举,例须在礼部南院东墙张榜公布,状元即是金榜名列第一的榜首。因为第一名位于榜首,第二人、第三人分列左右,在进士榜的位置好像人的双眼,故称榜眼。榜眼名目始于北宋。古者原以第二、三两名为一榜眉目,眼必有二,故第二、第三皆为榜眼。后以第三为探花,遂专以第二为榜眼。

"探花"一词始创于唐朝。唐代进士及第后有隆重的庆典。活动之一便是在杏花园举行探花宴。事先选择同榜进士中最年轻且英俊的两人为探花使。遍游名园,沿途采摘鲜花。然后在琼林苑赋诗,用鲜花迎接状元。这项活动一直延续到唐末。所以说,当时所谓的"探花郎",主要含义并不是专指第三名。例如翁承赞是唐昭宗乾宁三年

（896）崔谔榜进士第四人，仍然被选为"探花使"，沿袭着从进士中挑选年轻貌美的人为沿街探花郎的传统。北宋晚期，"探花"一词才开始专指第三人。

3.状元及第荣耀

唐宋时期，金榜题名是件十分荣耀、令人欣喜的事情，状元及第的荣耀，主要表现在以下几个方面：

（1）唱名赐第

殿试试卷审核完毕之后，即唱名赐第。唱名，又称"传胪"，是殿试赐第的仪式。此制始于宋太宗雍熙二年（985）。唱名日，皇帝御崇政殿（神宗后改为集英殿），殿试官、省试官及宰臣、侍从官等入殿侍立，举人则于殿门外等候。传唱三次之后，被宣名举人应之，遂给敕赐第。

唱名毕，由朝廷派导从送入期集所。对状元，左金吾司给七驺从，分两节传呼道上导引，万众夹道观看，倾动京城。

（2）赐 宴

唐代贡举礼部放榜、关试之后，新及第进士凑钱大宴于城东南的曲江，请教坊派乐队演唱助兴，称"曲江宴"。后唐天成二年（927），始敕赐钱四百贯，以资助新及第进士的闻喜宴。后周显德年间，才由官为主之。宋太祖开宝六年（973），创立殿试制度，赐钱二十万，以张宴会。正式赐宴则始于宋太宗太平兴国二年（977），是年赐宴开宝寺。太平兴国八年（983），赐新及第进士宴于琼林苑，故又称闻喜宴为琼林宴。

元代则改称"恩荣宴"。赐宴地点为翰林国史院。明清亦称"恩荣宴"，地点改在礼部。

（3）释褐授官

唐代进士及第之后，只是取得做官的资格，还不能直接入仕做官,必须再通过吏部考试,才能参加铨选,释褐授官。宋初承唐及五代之制,至太平兴国二年(977),进士及第始免选释褐授官。

唐代状元初授官品阶甚低,不过九品而已。宋初所授官职亦不高。

元、明、清略同,中了进士后授官,一甲授正六品官或从六品官。二甲授正七品官。三甲授八品官。状元授翰林院修撰,榜眼、探花授翰林院编修。

此外,从宋代起,还在状元故里立状元坊让后学者学习,激励后学者。清朝还赐给进士牌坊银三十两,状元、榜眼、探花为八十两。

参考文献

毛佩琦主编:《中国状元大典》,云南人民出版社 1999 年版。

王鸿鹏、王凯贤、张荫堂编著:《中国历代榜眼》,解放军出版社 2004 年版。

王鸿鹏、王凯贤、张荫堂编著:《中国历代探花》,解放军出版社 2004 年版。

（二）福建省文科状元、榜眼、探花概况

科举制度自隋朝产生至清末,实行了一千三百余年,它在中国古代的政治、文化和社会生活中发挥了巨大的影响。

据《中国状元大典》《中国历代榜眼》《中国历代探花》统计,自唐朝至清末历代文状元六百二十六名,其中福建三十三名;历代榜眼开科次数七百四十四次,已知文榜眼人数三百六十六名,其中福建四十二名;历代探花开科次数七百四十四次,已知探花三百三十一名,其中福建二十四名。

1.福建文状元三十三人

福建文状元三十三人:其中福州府十五人,兴化府七人,建宁府三人,邵武府二人,泉州府五人,漳州府一人。

(1)福州府十五人

闽县五人:(宋)许将、(宋)陈诚之、(宋)萧国梁、(明)陈䢿、(明)陈谨、(清)王仁堪。

侯官四人:(宋)郑性之、(宋)黄朴、(明)翁正春、(清)林鸿年。

怀安一人:(明)龚用卿。

长乐二人:(明)马铎、(明)李骐。

永泰一人:(宋)黄定。

宁德一人:(宋)余复。

(2)兴化府七人

莆田六人：(宋)徐铎、(宋)黄公度、(宋)吴叔告、(宋)陈文龙、(明)林环、(明)柯潜。

兴化一人：(宋)郑侨。

(3)建宁府三人

建瓯一人：(宋)徐奭。宋大中祥符五年(1012)壬子科状元,为福建状元第一人。

建阳一人：(明)丁显。

浦城一人：(宋)章衡。

(4)邵武府二人

邵武一人：(宋)叶祖洽。

泰宁一人：(宋)邹应龙。

(5)泉州府五人

泉州一人：(宋)黄裳。

晋江三人：(宋)梁克家、(宋)曾从龙、(清)吴鲁。

永春一人：(明)庄际昌。

(6)漳州府一人

长泰一人：(明)林震。

2.福建文榜眼四十二人

福建文榜眼四十二人：其中福州府十八人,兴化府五人,建宁府四人,邵武府二人,汀州府一人,泉州府十人,漳州府一人。

(1)福州府十八人

闽县六人:(五代十国)陈保极、(宋)柯崇、(明)唐震闽、(明)林志、(清)赵晋、(清)何冠英。

侯官二人:(宋)黄洽、(清)廖金城。

福州二人:(宋)邵泽、(宋)陈赏。

长乐三人:(唐)卓云、(明)陈全、(清)吴文换。

连江一人:(明)赵恢。

福清三人:(唐)陈鼎,唐昭宗大顺二年(891)辛亥科崔昭矩榜进士第二人,为福建榜眼第一人。(宋)孙继舆、(清)林枝春。

霞浦一人:(宋)黄拱辰。

(2)兴化府五人

莆田五人:(宋)陈睦、(宋)方天若、(宋)李宗师、(宋)陈俊卿、(宋)黄艾。

(3)建宁府四人

建阳一人:(宋)陈轩。

建安三人:(五代十国)江文蔚、(宋)范致明、(明)龚锜。

(4)邵武府二人

邵武二人:(宋)上官均、(宋)黄中。

(5)汀州府一人

宁化一人:(明)张显宗。

(6)泉州府十人

晋江六人:(宋)曾会、(宋)董洪、(明)李廷机、(明)杨道宾、(明)史继偕、(明)庄奇显。

泉州一人：（宋）宋程。

惠安一人：（宋）黄宗旦。

德化一人：（清）邓启元。

同安一人：（宋）石起宗。

(7)漳州府一人

南靖一人：（明）李贞。

(8)不明籍贯一人

（宋）刘逵。

3.福建文探花二十四人

福建文探花二十四人：其中福州府八人，兴化府四人，泉州府四人，建宁府二人，延平府一人，邵武府二人，漳州府二人。

(1)福州府八人

闽县三人：（唐）陈彦博、（宋）潘坊、（明）陈景著。

侯官一人：（宋）黄桂。

福州二人：（宋）陈修、（宋）任友龙。

福清一人：（宋）林通。

长乐一人：（宋）张镇。

(2)兴化府四人

莆田四人：（明）黄旸、（明）林文、（明）李仁杰、（明）戴大宾。

(3)泉州府四人

晋江三人：（唐）欧阳詹，唐德宗贞元八年（792）壬申科贾稜榜进士第三人，为福建探花第一人。（明）张瑞图、（清）黄贻楫。

同安一人：（明）林釬。

（4）建宁府二人

建阳一人：（宋）陈师锡。

崇安一人：（宋）胡安国。

（5）延平府一人

沙县一人：（宋）邓驿。

（6）邵武府二人

邵武二人：（宋）李方子、（明）吴言信。

（7）漳州府二人

龙溪一人：（明）谢琏。

漳浦一人：（明）林士章。

（8）不明籍贯一人

（宋）陈瓘。

以上系根据《中国状元大典》《中国历代榜眼》《中国历代探花》等资料整理。

参考文献

毛佩琦主编：《中国状元大典》，云南人民出版社 1999 年版。

王鸿鹏、王凯贤、张荫堂编著：《中国历代榜眼》《中国历代探花》，解放军出版社 2004 年版。

（三）福建省文科状元、榜眼、探花、进士第一人

根据《中国状元大典》《中国历代榜眼》《中国历代探花》记载：建瓯徐奭是福建最早考中状元的，福清陈鼎是福建最早考中榜眼的，晋江欧阳詹是福建最早考中探花的。

1.福建文状元第一人

徐奭，字武卿，福建建瓯人。宋大中祥符五年（1012）壬子科状元。为福建文状元第一人。

徐奭，博学能赋，其殿试《铸鼎象物赋》云："足惟下正，讵闻公竦之欹倾；铉乃上居，实取王臣之威重。"真宗阅此佳句大悦，遂擢为状元。天圣元年（1023），为两浙转运使①，时苏州多水患，他不怕辛苦，深入各县，实地调查水系，全面了解各条河的流向，遂发动民工疏河道，"奭度赤门以东，筑土石为堤九十里，架桥梁四十余，以济不通。"诏书褒美。天圣八年（1030）四月，召知开封府，九月暴卒。

注释

①转运使：始置于唐开元年间，初为差遣官，由朝廷特命大臣经理江淮米粮钱币物资的转运工作，供给京师及百官所需。后遂成为常设官。宋转运使号称"漕司"，掌一路财赋的收入。实际上则兼管边防、刑狱及考察该路地方官吏和民情风俗，经察访后上报朝廷。

参考文献

　　毛佩琦主编:《中国状元大典》,云南人民出版社1999年版。

　　(明)何乔远编撰:《闽书·第四册》,福建人民出版社1995年版。

2.福建文榜眼第一人

　　陈鼎,福建福清人。唐昭宗大顺二年(891)辛亥科崔昭矩榜进士第二人,为福建榜眼第一人。

　　陈鼎及第后授校书郎[①]。

　　余事不详。

注释

　　①校书郎:北魏隋唐秘书省属官,掌典校群书,详定典籍。

参考文献

　　王鸿鹏、王凯贤、张荫堂编著:《中国历代榜眼》,解放军出版社2004年版。

3.福建文探花第一人

　　欧阳詹,字行周,福建晋江潘湖村人。唐德宗贞元八年(792)壬申科贾稜榜进士第三人,为福建探花第一人,也是泉州历史上第一个进士。

　　欧阳詹出生于一家小官员家庭。父亲曾在浙江温州任长史,伯父和叔叔也当过小官。后随母到南安高盖山(今属诗山),又迁居泉州城内。他小时候性情孤僻,好读书。曾在晋江龙首山"妙峰堂"、南安丰州莲花峰、高盖山白云书室、泉州城北清源山等处读书。由于欧阳詹勤学好问,又有独特见解,学问日见增长。文章精辟,用词优美,观点独到新颖,文章琅琅上口,在乡里之间名气渐振,到了唐德宗建中、贞元年间(785—805),在浙江、福建一带都已有了名气。

为了进一步求学，提高学问，欧阳詹于唐建中初年（781）只身来到当时教育比较发达的莆田。他与林藻、林蕴兄弟读书于灵岩精舍和福平书堂。由于志同道合，他们共同研读了五年时间。因朝夕相处，彼此了解，欧阳詹成为九牧林始祖林披的女婿，建别墅于福平山（今莆田西天尾林峰村）。

贞元二年（786），欧阳詹与林藻、林蕴兄弟四人北上应试，经过近一年的艰难跋涉，到达京师。

贞元八年（792）春闱开科，"待试京师六年"的欧阳詹在时任福建观察使的常衮力荐下，"五试于礼部"，举进士，与韩愈、李观辈联第，时称"龙虎榜"①。考官为兵部侍郎陆贽。试题为"明水赋"和"御沟新柳诗"。欧阳詹答卷分别收入《全唐文》和《全唐诗》，名扬京师。

欧阳詹高中后，与韩愈等人成为好友，但并未受到朝廷的重用。他在长安过着借贷赁屋、缺衣少食的生活。五年后，贞元十五年（799），欧阳詹又"四试于礼部"，才被授予国子监四门助教，这是皇家高等学府"四门学"中最低的官职。但福建人担任此职在历史上还是第一次，所以人们都亲切地称他为"四门先生"。

欧阳詹当四门助教后，积极荐举人才，热情充当生员、举子甚至同辈的"伯乐"。他力荐韩愈担任高于自己职位的博士，事虽未成，却也显出他谦虚重才的襟怀器度。

进入官场后正如他自己所说，"未离助教之官"。贞元十五年（799），欧阳詹上书宰相郑庆余，希为国效力，但愿望没有实现。他与友人一起，到太原游览。回到长安后，他经常与韩愈等友人聚会，谈诗论文，与韩愈一道提倡文学改革，推动复兴古文运动。

传说欧阳詹曾游太原，与一歌妓相好，分别后作《途中寄太原所思》，一说《发太原途中》，诗云："驱马渐觉远，回头长路尘。高城已不见，况复城中人。去意自未甘，居情谅犹辛。万里东北晋，千里西南秦。一履不出门，一车无停轮。流萍与飑系，早晚期相亲。"

歌妓看后思之不已，抑郁成疾。自觉不久于人世，便用刀割下发结,对姐妹们说"欧阳生至,可以为信"。又作诗曰"自从别后减容光,半是思郎半恨郎。欲识旧来云髻样,为奴开取缕金箱",遂绝笔而逝。

欧阳詹重回太原,有人将诗及信物转交给他,他看后痛哭失声,心碎而亡。年仅四十五岁。

他逝世后,亲朋挚友十分悲恸。韩愈怀深情地写下《欧阳詹哀辞》,李翱也为他立传,表示深痛的悼念。

欧阳詹临终遗嘱灵柩南运,葬于年轻时与好友林藻、林蕴兄弟的读书处——莆田广化寺灵岩塔阴处。他把莆田作自己的故乡,还写了一首怀念莆田的诗:"林步如延寿,川原似福平;无人相共识,独自故乡情。"欧阳詹的一些子孙也入籍莆田。由于欧阳詹与莆田的特殊亲密关系,莆田历代人士始终缅怀这位"四门先生"。

欧阳詹高才博学,著有《欧阳行周文集》,约十卷,共收诗、赋、传、记、论、述、序、文、铭、颂、箴等作品一百四十余篇。《全唐诗》录其诗八十八首。

李贻孙曾为欧阳詹文作序曰:"君之文周样,切于情,故叙事重复,宜其司当一代文柄,以变风雅。"欧阳詹的诗文创作对福建文学的发展产生深远的影响。

宋代理学宗师朱熹来泉州讲学时曾为欧阳詹故里题联:"事业经邦,闽海贤才开气运;文章华国,温陵甲第破天荒。"这是朱熹对欧阳詹生平和业绩的概括。

注释

①龙虎榜:科举时代称一时知名之士同登一榜为"龙虎榜"。《新唐书·欧阳詹传》云:"举进士,与韩愈、李观、李绛、崔群、王涯、冯宿、庾承宣联第,皆天下选,时称龙虎榜。"

参考文献

王鸿鹏、王凯贤、张荫堂编著:《中国历代探花》,解放军出版社2004年版。

金文亨、金立敏:《人物春秋》,厦门大学出版社1999年版。

4.福建进士第一人

金鲤,字伯龙,清源东里白鹤人(今莆田涵江区新县镇白鹤村),唐高祖武德三年(620)登进士第。比长溪(今福安)进士薛令之早八十余年,比闽南第一进士欧阳詹则早一百七十二年。为福建第一位进士。金鲤中进士后,曾担任司徒①,封吴国公。贞观十八年(644),太宗大驾亲征高丽,金鲤劝阻说:"天下才安定,边境地区必须稳固,老百姓听到这消息就会离乱"。皇上说:"你的话恰当,但是现在时局稳定,却不允许自治了"。金鲤于是辞官回乡,在白鹤山中建房定居。后来唐太宗写诗给他,诗曰:"黄龙漈里黄龙戏,白鹤山前白鹤栖。弘景可怜虚宰相,岂将薇蕨问夷齐。"

注释

①司徒:西周始置,主管民事,晋国改司徒为中军。西汉哀帝元寿二年,丞相更名"大司徒",东汉时改称"司徒",为三公之一,主管教化。隋唐时三公参议国事,但仅为虚衔,不预朝政。至明废。

参考文献

(明)周华著,蔡金耀校勘,卢金城注译:《游洋志》,涵江福利印刷厂 2009年印行。

刘福铸主编:《莆田史话》,社会科学文献出版社 2014 年版。

徐连达主编:《中国历代官制大词典》,广东教育出版社 2022 年版。

（四）兴化府宰辅、状元、榜眼、探花、进士概况

莆田重教兴学，"家贫子读书"，向学仕进，奋发读书，刻苦拼搏，终于逆境成才，科甲佳话绵延不断，精英辈出，群星灿烂，在科举时代，兴化曾产生二千三百四十六名进士、十二名文武状元、七名文武榜眼、五名文探花、十四名宰相，保持和发扬了"文献名邦""海滨邹鲁"的盛誉，不愧为中华民族的优秀子孙。

根据《莆田市志》记载：

历代宰辅十四人，莆田八人，仙游五人，兴化一人。

状元十二人，其中武状元三人。

莆田七人，其中武状元一人。仙游三人，其中武状元一人。兴化二人，其中武状元一人。

榜眼七人，其中武榜眼一人。

莆田五人。仙游二人，其中武榜眼一人。

探花五人。莆田五人。

自唐至清进士二千三百四十六人，其中武进士三十二人。

莆田一千七百七十九人，其中武进士二十五人。

仙游四百三十一人，其中武进士六人。

兴化一百二十七人，其中武进士一人。

不明籍贯九人。

（五）兴化府历代宰辅名录

兴化府历代宰辅共十四人，其中莆田县八人，仙游县五人，兴化县一人。

1.莆田县任宰辅八人

唐代翁承赞；后梁萧项；宋代陈俊卿、龚茂良、陈文龙、黄镛；明代周如磐、朱继祚。

翁承赞，后梁开平四年至后唐同光二年（910—924），大闽国同平章事。

萧项，后梁乾化三年至贞明七年（913—921），拜中书门下平章事。

陈俊卿，宋乾道三年至六年（1167—1170），尚书左仆射。

龚茂良，宋淳熙元年至四年（1174—1177），参知政事。

陈文龙，宋景炎元年至二年（1276—1277），参知政事。

黄镛，宋景炎元年至二年（1276—1277），参知政事。

周如磐，明天启五年（1625—1627），文渊阁大学士加太子太保。[①]

朱继祚，南明隆武年间（1645—1646），南明文渊阁大学士加太子太保。

2.仙游县任宰辅五人

宋代陈洪进、蔡卞、蔡京、蔡攸、叶颙。

陈洪进,宋太平兴国三年至九年(978—984),同平章事。

蔡卞,宋绍圣四年至崇宁四年(1097—1105),尚书左丞知枢密院事。

蔡京,宋崇宁二年至宣和七年(1103—1125),尚书左仆射。

蔡攸,宋宣和五年至七年(1123—1125),知枢密院事。

叶颙,宋乾道元年至三年(1165—1167),尚书左仆射。

3.兴化县任宰辅一人

宋代郑侨。

郑侨,宋庆元元年至二年(1195—1196),参知政事、知枢密院事。

注释

①周如磐担任宰相的时间也有不同说法,《莆田市志》记载:"天启六年(1626)封他为太子太保、文渊阁大学士。"《莆阳名人传》记载:"天启五年(1625),加周如磐太子太保、文渊阁大学士。"民国《莆田县志》记载:"乙丑,晋太子太保、文渊阁大学士。"本书采用民国《莆田县志》《莆阳名人传》的记载。

参考文献

莆田市方志委编:《莆田市志》,方志出版社 2001 年版。

（六）莆田县文状元名录

福建文状元三十三人，其中莆田县六人，是福建出状元最多的一个县。宋代中状元者有徐铎、黄公度、吴叔告、陈文龙等四人；明代中状元者有林环、柯潜两人。

1.徐铎

徐铎（1051—1105），字振文，莆田县人，宋熙宁九年（1076）丙辰科状元。

徐铎是唐秘书省正字①徐寅之八世孙。

宋熙宁九年（1076），徐铎与兄徐锐同登进士第，高中进士榜首，为兴化府历史上第一个状元。时人有诗誉云："龙虎榜头孙嗣祖（先祖徐寅诏赐状元），凤凰地畔弟联兄。"更为巧合的是，同年同郡兴化县人薛奕夺得武举第一。宋神宗大悦，赋诗云："一方文武魁天下，四海英雄入彀中。"

徐铎及第后，被授镇东军节度判官②。绍圣（1094—1097）末，以给事中③直学士院。不久，奉诏与蹇序辰一起编辑元祐诸臣章牍事状，进为礼部侍郎。科举贡院查获一名挟书作弊的举人，开封府尹蒋之奇主张判处"徒"刑，他认为太重。两人争执不下，便呈报中书省裁决。宰相章惇听了很生气，不但对作弊举人处以徒刑，而且连开封府吏也处以刑罚，徐铎不敢再说什么。朝臣们传为笑话。后来，商议任命他为御史中丞④，有人以此事为例，说他遇事无主见，不能坚持原则，于是取消任用。

徽宗登基之初，太后临朝听政，贬逐章惇等大臣，徐铎被降为龙图阁待制⑤，知青州（今山东）。后御史中丞丰稷上疏弹劾他参预编辑元祐诸臣章牍事状，一切都以章惇好恶为轻重，罗织罪名，贬黜残害名臣。遂落职出知湖州（今浙江）。

不久，太后病逝，徽宗亲政，支持推行变法的臣僚。徐铎应召回京师，出任礼部尚书。其时，适逢朝廷讨论皇帝的宗庙制度，徐铎建议立九庙，被徽宗采纳，进封吏部尚书。卒于崇宁四年（1105），终年五十四岁。

注释

①秘书省正字：掌秘记图籍、国史实录、天文历数等。

②节度判官：节度使属官。分判仓、兵、骑、胄四曹事。

③给事中：秦迄清官名。常在皇帝左右侍从，备顾问应对等事。因执事在殿中，故名。

④御史中丞：为御史大夫之贰。

⑤龙图阁待制：龙图阁为宋阁名，收藏太宗御书、御制文集、典籍、图画、宝瑞之物，及宗正寺所进宗室名册、世谱等物。待制：谓等待皇帝诏命。

参考文献

毛佩琦主编：《中国状元大典》，云南人民出版社1999年版。

阮其山：《莆阳名人传》，福建文艺出版社2013年版。

徐连达主编：《中国历代官制大词典》，广东教育出版社2022年版。

2.黄公度

黄公度（1109—1156），字师宪，莆田县人，宋绍兴八年（1138）戊午科状元。

黄公度出身于簪缨文士世家，为唐名士黄滔之八世孙。父亲黄静，为北宋政和进士，历官秘书省正字、校书郎、朝奉郎等职，以诗书传家。黄公度少时寄居涵江鳌山村姑母家，于雁阵山上结庐读书。

宋绍兴八年（1138）六月，黄公度在礼部会试中，经、论、策答得相当出色，免御试，高宗钦点进士第一（状元），为他读书处题字"登瀛阁"以示嘉奖。但是他步入仕途后，生涯极为坎坷。

黄公度初任签书平海军节度判官，兼南外宗簿。时赣州、汀州一带的流民涌进泉州，泉州守将怀疑他们将作乱，全抓起来，黄公度经查问得知这些都是挨饿的平民，于是全部释放。

黄公度还京。授秘书省正字。时秦桧当国，黄公度坐与赵鼎往来，又贻书台谏，议论时政，得罪秦桧，几个月后，秦桧以言者罢，黄公度被贬出京主管台州道观。绍兴十九年（1149），差任肇庆府通判[①]，改任南恩州太守[②]。在南恩，他关心百姓疾苦，"决滞讼"，秉公断案，"除敛横"，减轻赋税，减少百姓负担，办教育，兴学校，培育人才，"南恩自唐初置县以来，至此始有人登进士第"。郡人立像纪念他。

绍兴二十五年（1155），秦桧死去，高宗召见公度，问广东一带的情况，黄公度告诉高宗广东小郡，有十年无正式命官，代理人因循敷衍，不关心政事，民受其害。高宗留他在京都供职，任命他为吏部考功员外郎[③]。

绍兴二十六年，黄公度病逝在官所，年仅四十八岁。赠正奉大夫[④]。

注释

　①通判：宋置，实含有监督之意，后渐成为知州的副贰官。

　②太守：郡长官名。战国时诸国或置郡于边地，以利攻防，所设长官称"守"，尊称"太守"，多系武职。隋初罢郡为州，遂无。隋炀帝、唐玄宗尝复郡制，置太守，后废。后世有沿旧俗称刺史、知府为太守。

③考功员外郎:掌官吏的考课。员外郎为六部下设机构司的副职,主官为郎中。

④正奉大夫:宋、元文散官名。据《兴化府志》《莆田市志》记载,黄公度的父亲黄静并未担任过翰林院编修,宋代翰林院未置编修,明朝才于翰林院修撰之次置编修,为七品官。

参考文献

莆田市方志委编:《莆田市志》,方志出版社 2001 年版。

中共莆田县委宣传部编:《莆田人物》,福建人民出版社 2000 年版。

徐连达主编:《中国历代官制大词典》,广东教育出版社 2022 年版。

3.吴叔告

吴叔告(1193—1265),字君谋,莆田县人。宋理宗端平二年(1235)乙未科状元。曾祖翊,成忠郎,建州都作院使。父元度,累赠至中散大夫。

叔告与兄伯修同贡于乡。端平二年(1235),理宗始亲政,策士于廷,叔告以发强密察为言,理宗览而异之,擢为第一(状元),签书威武军节度判官厅公事,就以帅檄摄郡文学。

嘉熙二年(1238),以正字召,进校书郎,兼史馆校勘①。明年,兼庄文府教授,迁秘书郎。轮对,首言:“今虏冰合未来,交口谈清野之效,裸享偶霁,动色称格天之祥。大臣百执事,循默容身者多,慷慨许国者少。”又言:“邪封曲径,借曰御笔;奏篇束阁,报曰旨依。室垂磬而袭承平之用度,家四海而事藩邸之缮营。”时人称其直。四年,差考公试,迁著作佐郎,兼权都官都郎官。以亲老丐外,知抚州。其治以正风教、扶善良为先;稽簿书,核隐漏以佐籴;造官舟代募舟;以赀为郎者,代郡胥部押。言者以为罪。叔告丐调不允。寻除刑部郎②,以不能迎合,为中外所攻,寝新命,贬一秩。

淳祐三年（1243），复原阶。六年，差知袁州。明年，召奏事。十年，再除刑部郎，知漳、衡、常三州，改严州。自临川罢归，食祠者三，召者再，予郡者五，皆不果行。

景定二年（1261），始召除尚书郎官③。入对，言："天下万事，其本在人主之一心，心不于道，则二于物。向者湖广淮蜀四面皆敌，今泸城归，涟海复，山东版图再入于职方；儆戒之意得无因是少怠，乐身之事得无有切于心乎？"兼国史院编修官④、实录院检讨官⑤，差殿试覆考官。四年，除大理少卿⑥。丐外，除直宝章阁，提举浙西常平事⑦。有仕者挟权贵求辟举，叔告曰："冗员不可增，某人不可举。"是冬，召奏事，再祈免，得请。归装萧然。宋度宗咸淳元年（1265）卒，年七十三。史书评价："叔告性狷介，少和寡合，器重之者多，而仇疾之者亦不少云。"吴叔告为官期间，虽无卓著的政绩，史书仍称他为名臣。

注释

①校勘：校对勘正。

②刑部郎：刑部曹主官。

③尚书郎官：尚书司主官。

④国史院编修官：宋代史馆设编修官，负责编修国史、实录及会要等。

⑤实录院检讨官：史官名，掌修史之责。

⑥大理少卿：掌司法审判。

⑦常平事：掌平籴、仓储、出纳。

参考文献

（明）周瑛、黄仲昭：《重刊兴化府志》，福建人民出版社2007年版。

徐连达主编：《中国历代官制大词典》，广东教育出版社2022年版。

4.陈文龙

陈文龙(1232—1277),字君贲,莆田县人,宋度宗咸淳四年(1268)戊辰科状元。

陈文龙原名子龙,殿试第一,因其文才出众,度宗改其名为文龙,赐字君贲。丞相贾似道赏识他的才能,授镇东军节度判官,历崇政殿说书、秘书省校书郎等职。咸淳八年(1272),升监察御史[①],皆似道力。似道所置台谏皆阘茸,台中相承,凡有所建白,皆呈稿似道始行。至文龙为之,独不呈稿,己忤似道,知临安府。洪起畏请行类田,似道主其说,文龙上疏以为不可。似道怒,寝其疏。襄阳久被围,局势危急,范文虎率军增援,畏敌不进,坐视襄阳失守。咸淳九年(1273),元军顺江东下,朝野震惊。贾似道以范文虎知安庆,提拔赵潜知建康,调黄万石知临安。文龙上书奏劾,说文虎坐失襄阳,今反而擢用,赏罚不明;赵潜年少经验不足,不能当大任;黄万石政事怠慢松懈,难治京城。似道大怒,借故将他调离,出知抚州。十年(1274),赴抚州任,"律己严,接士温,治民宽恕",似道竟以"催科峻急"劾之,罢他的官。

德祐元年(1275),元军进逼安庆,范文虎不战而降。元军顺江东下,似道求和不成,兵败鲁港,赵潜逃跑。文龙被朝廷起用为侍御史[②]。当时军情紧急,大臣王沦、陈宜中"不能画一策",只是为私意争执不休。他上疏,说:"请召大臣,同心图治,无滋虚议。"同年十二月,累迁参知政事[③]。这时,张世杰兵败于焦山,文天祥兵败于独松关,元军长驱至临安的北关。他主张"收拾残兵,出关一战"。朝臣意见不一。世杰等人拥益王、广王入闽,陈宜中奉谢太后派使者持表向元称臣。他乞归,留浙东待命。次年(1276)正月,元军陷临安,恭帝投降。五月,益王赵昰即位于福州,称端宗,改元景炎。

景炎元年(1276),文龙任参知政事,宣抚④闽广,平定广州、漳州两地叛乱。十一月,元阿剌罕、董文炳攻陷福州,端宗奔往广州,以文龙守兴化,文龙尽散家财,募兵守土。他制两面大旗,上书"生为宋臣,死为宋鬼"立于军门之前和城楼之上,激励士兵与元兵血战到底。十二月,降将王世强导元兵入广,建、宁、泉、福皆降。知福州王刚中遣使徇兴化军,他斩使者,遣书责世强、刚中负国,积极部署抗元军事,设伏于囊山寺前,连挫元军。随后,他又多次拒绝元将唆都的劝降。不久,他的部将陈渊、林华引元军到城下,诈称援兵,通判曹澄孙开城门迎降。他力尽被俘,押送到福州董文炳军中,不屈。元将唆都将其械送杭州。临行,他绝食反抗。北行至合沙时寄诗和次子诀别,诗曰:"斗垒孤危力不支,书生守志誓难移。自经沟渎非吾事,得死封疆是此时。须信累臣堪衅鼓,未闻烈士树降旗。一门百指沦胥北,唯有丹衷天地知。"

景炎二年(1277)四月二十五日,文龙至杭州,饿死在岳飞庙中,葬于西湖智果寺旁,终年四十五岁。讣闻,诏赠太师,谥"忠肃",赐庙号"昭忠"。时文龙母被执,监禁在福州尼姑庵里,闻讯,也绝食而死。

陈文龙是一位坚持民族大义、忠贞报国的民族英雄。他以爱国爱民与忠烈气节赢得了人心,名垂青史。

明代莆田建"二忠祠"奉祀陈文龙与陈瓒。福州有五座"尚书庙"纪念陈文龙,称他"尚书公"。

注释

①监察御史:监察官。始置于隋。监察御史的职务,掌分察百官、巡按郡县、纠视刑狱、整肃朝仪、分察六部、监仓库等事。在御史台诸御史中品秩最低,但权任颇重。

②侍御史:《通典》载,侍御史之职有推问案件,弹纠百官,监察台外诸衙署之事,管理御史台内部诸事。

③参知政事:简称参政,为副宰相的职称。

④宣抚:宋时代表中央巡视灾区或战乱的地区、督察军事行动的长官。

参考文献

莆田市方志委编:《莆田市志》,方志出版社 2001 年版。

徐连达主编:《中国历代官制大词典》,广东教育出版社 2022 年版。

5.林环

林环(1376—1414),字崇璧,莆田县人,明永乐四年(1406)丙戌科状元。

林环,唐九牧苇之后也,祖父林弃,兴化县训导。环幼倜傥不羁,聪慧过人,凡阅书多成诵,下笔成章。方在泮时,文章已为人所重,求者相踵。

明成祖永乐三年(1405),林环到福州参加乡试,中了举人,永乐四年(1406)他进京城南京参加丙戌科会试[①],中了进士,殿试名列第一,高中状元,传说,当时永乐皇帝出了一个对子"日明月明日月齐明大明天下",令林环作对,林环略为思索,脱口说:"君乐民乐君民同乐永乐万年。"永乐皇帝听了大加赞赏,说他机敏。

林环状元及第后,仕途顺达。他进入翰林院授修撰[②],第二年,即升为侍讲[③]。他的学识渊博,在皇帝面前讲课,或为太子上课,引经据典,条理清晰,"音语洪亮",甚受永乐皇帝爱重。

永乐皇帝十分赏识林环的才华,极器重他,命他参与修编《永乐大典》,为《书经》总裁官。

林环曾两次任礼部会试考官,他秉公办事,举贤荐能,"所取多真才,声名籍甚",一时儒硕也对他寄予厚望。

林环的忠心、博学和机敏,为成祖所器重,"常侍帝侧",出谋献策。成祖每次出巡,都让他随从。永乐八年(1410),成祖亲征鞑靼,击败阿鲁台,林环上《平胡诗》一千二百言;次年六月,再征鞑靼,凯旋告庙;永乐十三年(1415),林环随从成祖征瓦剌,途中染病,回北京后逝世,终年三十八岁。[④]

林环著有《纲斋诗文集》二十二卷。

注释

①会试:科举时代集中举人于京城举行的考试。

②翰林院修撰:翰林院官名。明代以翰林院兼前代史馆之任,故于翰林院中置修撰掌修日历。

③翰林院侍讲:给皇帝讲学之官。

④林环何年病逝,志书记载不同,《莆田市志》记载:"永乐十二年(1414),林环随从成祖征瓦剌,途中染病,至北京卒。"明《兴化府志》记载:"十三年(1415),扈从巡幸,卒于北京,年四十。"本书采用明《兴化府志》的记载。

参考文献

金文亨、金立敏:《人物春秋》,厦门大学出版社 1999 年版。

莆田市方志委编:《莆田市志》,方志出版社 2013 年版。

徐连达主编:《中国历代官制大词典》,广东教育出版社 2022 年版。

6.柯潜

柯潜(1423—1473),明永乐二十一年(1423),出生于莆田柯山殷实的农家。祖上原居晋江,五代移居莆田。此后,柯家仕宦连绵,至柯潜往上三四代,虽无人入仕,但书香不断。柯潜从小气质独特,"聪明花"晚开,据传他先是相当愚顽,突然间颖异过人。少时,柯潜曾经气走许多老师,父亲为此感到十分头痛,特地请满腹经纶的先生来教他读书。有一次,父亲向先生了解柯潜学业情况,先生为夸耀自己教学有方,就把柯潜刻苦学习进步的表现,乱吹了一通,以为这样应付一下就过去。柯潜的父亲听了很高兴,以为自己儿子这一段学业一定很好,决定当场考他一下,出个"对"曰"天"。柯潜对不出来,母亲急得要命,用脚指地暗示。刚好地上有堆鸡屎,便对"鸡屎",气得老师直吹胡子,辞教要走。送先生辞教回乡路上柯潜自责说:"先生,都怪我不用功读书,连累你,要是你不走,我今后一定好好念书,来报答你的恩情。"先生听了,冷笑说:"好啊,我出个'对',你能对出,我就留下来;对不出,你就回去吧! 另请高明。"柯潜说:"好吧。"先生指路边一块石头说:"石头虎。"柯潜想了片刻,答说:"柴尾龙"。先生听了大吃一惊,以为是柯潜偶然对上的,心里不大相信。先生走了一段路,望着木兰溪中母子水牛相依戏水的情景,就试拟一联曰:"水淹水牛犹露角。"柯潜低头看沟里"土鳝"(小鲩)在水沟里钻土,便触景生情脱口而出对下联曰:"土糊土鳝仍摆须。"先生闻之不觉惊讶不已,看柯潜与先前判若两人。又走了一段路,正好对面来一个挑橄榄的小娘子。先生想再考柯潜一下,便脱口说:"女子独行随(谁)橄(敢)榄(拦)。"(莆音:谁敢拦)。柯潜见先生背的包袱上绣着石榴花,就回答说:"先生欲去挂(我)石(实)榴(留)"。(莆音:我实留)。先生听了大为高兴,决意回转继续再教柯潜。

回家后,柯潜奋发读书,急赶直追,终于明英宗正统九年(1444)到省城参加乡试,考中第一名解元。中了解元之后,第二年就可入京参加会试,他却因不忍离别父母而未赴会试。正统十三年(1448),会试中副榜,又不愿就职。明代宗景泰二年(1451),柯潜再赴京参加会试,高中状元。

柯潜状元及第后,授翰林院修撰。景泰三年(1452)升右春坊中允①(正六品)兼修撰,参与编写《历代君鉴》。景泰五年(1454)参与编写《天下郡志》。三年秩满,进阶承德郎②(正六品)。七年五月,再升东宫习经局洗马③(从五品),仍兼翰林修撰,日益受到重用。

景泰七年(1456)七月,柯潜奉命出任应天府(今南京)主考官。乘舟赴任,舟泊淮扬(今扬州)码头时,一举子漏夜赶来求情谋私,柯潜叱之曰:"尔急去,毋自速罪戾(自取罪过)。"举子以为柯潜不过是表面做作而已,坚请不息,将贿物置于柯潜面前。柯潜怒不可遏,命随从将举子执送有关衙门法办。

明天顺元年(1457)明英宗复位,依例罢去官僚。柯潜改任尚宝司少卿④(从五品),兼修撰,天顺三年(1460)二月,充东宫讲读官⑤。奉旨编修《玉牒》(帝王族谱)。天顺四年(1461),偕同内阁大学士⑥吕原主考礼部会试。天顺七年(1463)二月,柯潜再次奉命偕同陈文学士主考会试。

天顺八年(1464)正月,英宗病死,十八岁的太子朱见深奉诏即位,是为明宪宗。柯潜以东宫侍从⑦,恩升翰林院学士⑧。八月,又命兼经筵官⑨。不久,奉旨纂修《英庙实录》。

明成化元年(1465)八月,柯潜奉命主考顺天府(今北京市)乡试。明年,又出任殿试读卷官。至此,柯潜历任明代宗、英宗、宪宗三朝省、会试主考官及殿试读卷官。

明成化二年(1466)十二月,宪宗任命柯潜掌翰林院⑩。

明成化三年(1467),柯潜编修《英庙实录》。八月,书成,升东宫詹事府少詹事⑪,兼翰林学士。明年二月,又命柯潜日侍经筵讲读。正值柯潜父亲病故,宪宗念其侍讲经筵之劳,破格予以厚葬,以示优礼。

明成化七年(1471)四月,国子监祭酒缺员。久难其选。宪宗知柯潜博学刚方,将任用之,时柯潜归莆葬父后又服母丧,诏起复,柯潜乞请终制,曰:"忠君者必自孝始。未有不能尽孝于家,而能忠于国者也。"宪宗览疏许之。

柯潜因服丧,久寝苦块,左足风痹,寒疾继作而不起,于成化九年(1473)八月逝世,终年五十一岁

注释

①右春坊中允:太子宫官,与翰林官进讲经史以辅导太子。

②承德郎:文散官,金置,秩为正七品。元升为正六品。明清沿置,仍为正六品文散官阶,教授。

③洗马:太子属官。秦汉始置,太子出行时为先导。清末废。

④尚宝司少卿:明置,掌玺、符、牌印之事。

⑤东宫讲读官：宋置，掌教太子。明清沿用。

⑥内阁大学士：明成祖朱棣即位，命以翰林院编修官入值文渊阁，参预机务，称内阁大学士。

⑦东宫侍从：随从太子左右的近臣。

⑧翰林院学士：唐置，为文学侍从之臣，专掌内命诏敕。明清置翰林院学士，专掌秘书及文史的撰著。

⑨经筵官：即经筵讲读官。经筵为皇帝与侍读、侍讲等官讨论经史的活动。

⑩掌翰林院：翰林院长官。掌论撰文史，督率在院的学士官，励志勤学，以备朝廷的任使，或充当侍从之臣。

⑪少詹事：秦汉时，太后、皇后、太子各宫均置詹事。后来詹事专为太子东宫官属之长。唐设有詹事府。宋沿之，明承旧制设詹事府，其职官有詹事、少詹事及府丞等，詹事掌詹事府坊局之政事，以辅导太子。少詹事佐之。

参考文献

中共莆田县委宣传部编：《莆田风情》，福建人民出版社2000年版。

陈德铸：《仙游与九仙漫话》，作家出版社2008年版。

阮其山：《莆阳名人传》，福建文艺出版社2013年版。

金文亨、金立敏：《人物春秋》，厦门大学出版社1999年版。

徐连达主编：《中国历代官制大词典》，广东教育出版社2022年版。

（七）莆田县文榜眼名录

福建文榜眼四十二人，其中莆田县五人，都是宋代中的榜眼。有陈睦、方天若、李宗师、陈俊卿、黄艾等六人。

1.陈睦

陈睦，生卒不详，字和叔，陈动之子，陈侗之弟，莆田县人。

宋嘉祐六年（1061）进士第二（榜眼）。熙宁四年（1071），以秘阁校理①除浙西提点②刑狱兼常平、免役、水利、农田事。六年召还，赐章服，除监察御史。会神宗欲建六官，以正名实，命即秘阁校雠《六典》，以定官制。书成，除起居舍人③。

高丽国于天授十八年（935，后唐清泰二年）统一朝鲜半岛后，即与宋朝交好，向宋进贡。但自仁宗天圣以来，高丽职贡长期中断，至神宗时方恢复贡事。由于高丽地处北疆，出使须由海道，自古以来就被人们视为畏途，没有一个大臣愿意去，最后选了一个叫安焘的官员，充任出访高丽的正使。但，还须委任副使，充当助手，也是个个畏缩不行，当点到陈睦时，陈睦慨然上前应命，毫无难色，神宗大喜，特赐仙花金带。陈睦出使归来后，特向朝廷奏请归还所赐金带。陈睦说："按朝廷旧例，只有宝文阁直学士以上大臣方可服金带，前因使命在身，不敢辞谢。现回朝，应奉还所赐。"神宗未准，特令其继续服佩金带，正式授安焘为左谏议大夫④，升陈睦为纠察⑤京畿刑狱兼知审官东院。累迁史馆修撰^⑥，判尚书刑部。元丰二年(1079)，陈睦又擢升鸿胪寺卿^⑦，以宝文阁待制出守广州兼广南东路经略安抚使。元丰八年(1085)，进龙图阁直学士兼荆湖南路经略安抚使^⑧。卒，累赠少保。

注释

①秘阁校理：掌校勘书籍的官。

②提点：宋时掌司法和刑狱。

③起居舍人：掌修记言之史，记录制诰德音，每季末汇总以授国史馆。

④谏议大夫：宋置谏院，谏议大夫为谏院之长，掌规谏讽喻。有左右之分。

⑤纠察：对官吏违法、不称职等行为举发检察称纠察。

⑥史馆修撰：掌修国史的官。

⑦鸿胪寺卿：掌藩客朝会吉凶吊祭之事。

⑧安抚使：隋代曾设安抚大使。唐代前期派大臣巡视各道，亦称安抚使。中期以后，各道皆有节度使及观察使，不再有安抚使职称。宋代罢节度、观察使，复有安抚使的任命，处理路一级地区的军民事务。北宋末至南宋，普遍设置，多以侍从臣出任，总辖军民，并及便宜行事。二品以上大臣充任时则称安抚大使。官品低者称管勾或主管某路安抚司公事。元代仅于西南少数民族地区设安抚司，置安抚使，多用土官。明清沿置，于安抚司设安抚使一人从五品，低于宣抚使一级，为武职土官。

参考文献

(明)周瑛、黄仲昭：《重刊兴化府志》，福建人民出版社 2007 年版。

黄黎强：《海邦长卷》，光明日报出版社 2007 年版。

徐连达主编：《中国历代官制大词典》，广东教育出版社 2022 年版。

2.方天若

方天若，生卒不详，字彦稽，莆田人。绍圣四年(1097)进士第二(榜眼)。其廷对策大意，欲崇复熙丰之制，谓"元祐大臣当一切诛杀而不诛杀,子弟当禁锢而不禁锢,资产当籍没而不籍没,古今政事无此义理"。时胡安国推明《大学》,以渐复三代为对,考官定其策第一;宰相章惇以其无诋元祐语,遂以何昌言第一,而天若次之,置安国第三。曾布言"天若之策,乃奸人附会之言,不足取。天若乃蔡京门客,章惇每言人臣不可欺罔,如天若之言,欺罔孰大焉!"哲宗颔之,除漳州节度推官①,未行。召对,除秘书省正字,出为越州观察推官②;再除馆职,复出为建州观察推官。召对,除校书郎、史馆编修,知无为军,提举③两浙东路。后通判泉州,复还两浙,改提举常平④,迁福建转运判官⑤,湖南运使⑥,罢。

寻起知泉州。丁母忧,服除,改京西转运使。过阙留为著作郎兼国史编修官,迁秘书少监⑦。改右文殿修撰⑧,知泉州,未行,致仕。

先是,元符三年(1100),言官龚夬疏"天若凶邪⑨,而(蔡)京收置门下⑩,赖其倾险⑪,以为腹心⑫。立起奸狱⑬,多斥善士⑭,天下冤之⑮,皆京与天若为之⑯。愿考证其实⑰,以正奸臣之罪"。不报。

后百余年,族孙大琼读其廷对策,甚不满意云。

注释

①节度推官:唐节度使、观察使属僚,掌推勘刑狱诉讼。宋沿置,实为郡佐。元明于各府皆置推官掌理本府刑狱之事。清初,仍沿其制,后废。

②观察推官:参见节度推官注释。

③提举:原意为管理、管领,多为主管某项专门事务的职官。

④提举常平:简称"仓司",北宋王安石变法时设于各路的财赋管理机构。

⑤转运判官:唐宋转运使的佐官。

⑥湖南运使:转运使的简称。

⑦秘书少监:秘书省副长官。

⑧右文殿修撰:宋高等贴职名。

⑨天若凶邪:天若凶恶歪风邪气。

⑩而京收置门下:而蔡京收他为门客。

⑪赖其倾险:依仗他为人奸险。

⑫以为腹心：把他作为心腹。

⑬立起狞狱：方天若大起冤狱。

⑭多斥善士：排斥良吏。

⑮天下冤之：怨声载道，天下愤恨。

⑯皆京与天若为之：都是蔡京与方天若所作所为。

⑰愿考证其实：希望查证其事实。

参考文献

（明）周瑛、黄仲昭：《重刊兴化府志》，福建人民出版社 2007 年版。

徐连达主编：《中国历代官制大词典》，广东教育出版社 2022 年版。

3.李宗师

李宗师，生卒不详，莆田县人。政和二年（1112）进士第二人（榜眼），官至潮州掌书记①。

注释

①掌书记：唐节度使、观察使属官，掌奏牍文书，即魏晋以来记室参军之职。

参考文献

王鸿鹏、王凯贤、张荫堂编著：《中国历代榜眼》，解放军出版社 2004 年版。

徐连达主编：《中国历代官制大词典》，广东教育出版社 2022 年版。

4.陈俊卿

陈俊卿（1113—1186），字应求，莆田县人。南宋高宗绍兴八年（1138）戊午科黄公度榜进士第二人。

宋绍兴八年（1138），陈俊卿入京应试，高中榜眼，授泉州观察推官。勤奋履行职业，同僚设宴聚会，常常辞谢不去。一天，城中发生火灾，郡守汪藻急去视察。众僚属正在某处宴饮，俊卿的车夫也被借去出行，于是一概因为迟到被责问，俊卿唯唯诺诺谢罪。后来郡守知道了实情，问俊卿受责问而不辩解的缘故，俊卿说："我不能阻止同僚的行动，又借车夫给他们使用，等于助长了他们，哪能说没有过错呢？当时您正在气头上，我不能只顾自己解脱，而加重别人的罪过。"汪藻深为叹服，认为自己做不到。

秩满再调，按例应是馆阁清选之职，因不愿依附秦桧而调任南外睦宗院教授，后通判南剑州（今南平），未上任秦桧死，才被召入京任秘书省校书郎，迁殿中侍御史①。首言："皇上应当以兼听为美德，一定要抓住根本处理事务公正；臣子以不欺骗圣上为忠诚，论事一定要识大体。管理下属的方法是恩威并施，抑制骄横的将领，振作士气，就能使法制公正，号令通行了。"遂弹劾韩仲通，说他本是利用审理案件依附秦桧，冤枉陷害无辜的人。秦桧同党尽数被贬逐，然而唯独仲通得到保命；刘宝总领京口（今江苏镇江）军务，恣意克扣军饷，而且抗拒朝命不分兵驻防。两人于是被处罪。汤思退专权执政，陈俊卿上奏说："冬天无云而打雷，宰相对上不能代表天意，对下不能满足人民的愿望。"高宗下诏罢免汤思退。

当时自然灾害和异常天象多次出现，金朝包围侵袭的态势已经形成。俊卿于是上疏说："张浚尽忠报国的心到白头不变，私下听到有谗言说他暗里有二心。张浚之所以获得人心，征服士大夫的舆论服，是因为他一贯忠义。现在相反，有人将要离间他，谁能再参与对付事变呢？"奏疏送入朝后没有答复，因而请求上朝奏对，极力进言皇上才开始觉悟。几个月后，任用张浚镇守建康（今南京）。俊卿又进言说："内侍张去为暗中阻挠出兵，并且陈述退避敌军的计策，动摇既定决策，请求用军法查处。"皇上说："您真是有仁者的勇气。"授任权兵部侍郎②。

时金兵进军淮水，企图占据淮东等地。陈俊卿受命整顿浙西水军，在胶西（今山东胶县）打了胜仗。金主完颜亮死，完颜雍新立，要求重修旧好，朝臣多附和和议。俊卿上奏说："与异族讲和本是不得已，如果把得到原有疆土视为实际利益，得到它未必能够守得住，这不过是虚文而已，现在不如先正名，名正则国威强，每年交纳的钱财也可以削减。"他还提出选将、练兵、屯田、减租的策略，选择文职中有胆略的人为参谋副官，让他们观察军政、练习军务，借以储备将帅人才。

隆兴元年（1163），孝宗立，陈俊卿上疏："为国之要有三：用人、赏功、罚罪，所以行之亡者至公而已，愿留圣意。"孝宗赏识之，迁中书舍人[③]。又命为江淮宣抚判官兼代理建康府事。是年冬，陈俊卿回京陈十事：定规模、振纪纲、励风俗、明赏罚、重名器、遵祖宗之法、杜邪枉之门、裁任子之恩、限改官之数、蠲无名之赋。受到孝宗的嘉许。改任礼部侍郎，参赞军事。时张浚举兵北伐，兵败符离，张浚上书自劾，他也上疏请罪，以宝文阁待制知泉州。在泉州任上，陈俊卿勤政爱民，《泉州府志》评论他的政绩说："服勤职业，同僚宴集，恒谢不往，民受实惠。"

乾道元年（1165），孝宗召陈俊卿还京，任吏部侍郎兼侍读[④]，同修国史。论"人才应当以气节为主流，有气节的人，有小过失当宽容他；邪恶奸巧的人，很有才华也应当考察。"不久出知建宁府；翌年诏还，升吏部尚书，迁同知枢密院事[⑤]，劾曾觌、龙大渊"怙旧恩，窃威福"，奏罢二人官职。乾道三年（1167），任参知政事，知枢密院事。

乾道四年（1168）十月，制授尚书右仆射[⑥]，同中书门下平章事[⑦]兼枢密使。陈俊卿使用人才不求资历，唯贤是用，所任用的官员"皆一时之选"。每接见远道来京的牧守，总要问起时政的得失。

乾道六年（1170），陈俊卿请求外任，以观文殿大学士[⑧]帅福州。临行前劝孝宗"远佞亲贤、修政攘敌，泛使不可轻遣"。在福州任上，政尚宽厚、严于治盗、海道晏清、以功进秩。转运判官陈岘上书建议改为实行钞盐法,俊卿写信给宰相执政,极力主张福建盐法与淮浙有所差异,于是果然不实行。

淳熙五年(1178),判建康府,任江南东路安抚使兼行宫留守。孝宗召对,俊卿奏说:"向来士大夫奔走曾觌、王抃的门庭,十个人中有一两个,尚且害怕别人知道。现在公开奔走依附的已有七八人,并且不再有什么顾忌了。人才进退经由私人门户,绝非朝廷的好事。"皇上说:"王抃倒是不敢,曾觌虽然有时有所请求,我多数抑制他。从今不再听从他们了。"在建康"为政宽简,罢无名之赋",深受民众爱戴。

陈俊卿性宽洪简淡,自奉甚约,在官不受馈赠。在建康时,例有月饷,诸之清贫,离去时所余几万缗,重归公库。平居不改乡间之旧,食不过一肉,衣有二十年不易的。晚年筑第,不为华侈,僮使不过数人,门庭阒然(寂静),过路者不知是宰相之家。对外物淡然无所好,独喜爱观阅书史,病中仍不释卷。

陈俊卿身居高位,都不迷恋权势,淳熙八年(1181),陈俊卿八次上章告老,诏封申国公,次年,以少傅致仕,加封福国公。淳熙十三年(1186),加少师,进封魏国公。同年十一月卒,享年七十三岁。赠太师,谥正献。陈俊卿逝世时"家无余财,库无余帛",其清廉如此。

陈俊卿,二十六岁出仕,官至吏部尚书、左宰相等要职,居官四十余年,孝宗屡称其"忠诚不欺,为当今贤相",被誉为"南渡名宰相",是兴化历史上一位值得纪念的爱国宰相,一位难得的清官廉吏。

注释

①殿中侍御史:居宫殿中纠察非法之事,隶御史台。

②权:暂时代行。

③中书舍人:专掌诏诰,兼呈奏之事。

④侍读:唐宋时所置,掌为帝王讲读经史的官,与侍讲同为皇帝的文学侍从,由学士、侍从中有文学者充任。元明因之。

⑤同知枢密院事：北宋淳化三年（992）始置，为知枢密院事官佐贰。知枢密院事为枢密院长官。五代后晋天福元年（936）始置，宋沿置，掌枢密军政。也称枢密使。

⑥尚书右仆射：为朝廷的首相。

⑦中书下平章事：唐宋宰相。唐制，侍中、中书令为宰相之职，其余以他官加同中书门下平章事者，也为事实上的宰相。

⑧观文殿大学士：宋学士职名。宋制，常以诸殿阁命名学士，出入侍从，以备顾问，无官守，无职掌，而资望极高。

参考文献

王鸿鹏、王凯贤、张荫堂编著：《中国历代榜眼》，解放军出版社2004年版。

阮其山编著：《二十四史莆仙人物传》，中国文史出版社2013年版。

莆田市方志委编：《莆田市志》，方志出版社2001年版。

阮其山：《莆阳名人传》，福建文艺出版社2013年版。

徐连达主编：《中国历代官制大词典》，广东教育出版社2022年版。

5.黄艾

黄艾（1145—1206），字伯耆，莆田县人。乾道八年（1172），廷对第二（榜眼）。累历清要。

朱文公熹知漳州时，奏行经界，朝议未定，轮到黄艾发表意见，他奏道："今日以天下之大，公卿百官之众，商量一经界，三年而不成，如有比这更大的事，又该怎么办？"光宗醒悟，当即批准施行。

淳熙末，以秘书丞充嘉王府赞读①。已而补外。嘉王即位，召为右正言②，兼侍讲，迁左司谏③，改权工部侍郎，仍兼侍讲。会朱文公罢讲筵，艾因进讲，问逐熹之骤。宁宗曰："始除熹经筵耳，今事事欲闻！"艾悃请再三，不听。除中书舍人。明年，充金国正旦使。还，改刑部侍郎。以待制终，方盛年，人咸惜之。

注释

①嘉王府赞读：王府讲读官。

②右正言：宋中书省的属官，掌谏议。

③司谏：宋谏官名。

参考文献

（明）周瑛、黄仲昭：《重刊兴化府志》，福建人民出版社 2007 年版。

徐连达主编：《中国历代官制大词典》，广东教育出版社 2022 年版。

（八）莆田县文探花名录

福建文探花二十四人,其中莆田县四人(不含翁承赞),都是明代中的探花,是福建中探花最多的一个县。有黄旸、林文、李仁杰、戴大宾等四人。

1.翁承赞

翁承赞(859—932),字文尧,莆田县人。祖籍京兆(今西安),曾祖翁轩于唐元和间入闽为官,居漳州。祖翁何,官检校散骑常侍①,迁居莆田县兴福里竹啸庄(今北高镇竹啸庄村)。父翁巨隅,为荣王府咨议参军,累迁少府监,因购田筑宅福唐县万安乡(今福清新厝镇漆林村),遂举家迁往漆林。承赞于唐大中十三年(859)生于莆田县竹啸社。

翁氏乃簪缨世家,翁巨隅特建漆林书堂课子。承赞不无自豪作《书斋谩兴》二首:"池塘四五尺深水,篱落两三般样花。过客不须频问姓,读书声里是吾家。""官事归来衣雪埋,儿童灯火小茅斋。人家不必论贫富,惟有读书声最佳。"

承赞励志好学,才藻优瞻,立志功名。唐景福元年(892)赴长安应试,初考不利,继续留滞京师候考。

唐乾宁三年(896),承赞以进士第四人被选为探花使②。翌年,又擢博学宏词科。他春风得意,作《擢探花使三首》诗写道:"洪崖差遣探花来,检点芳丛饮数杯。深紫浓香三百朵,明朝为我一时开。"

"九重烟暖折槐芽,自是升平好物华。今日始知春气味,长安虚过四年花。""探花时节日偏长,恬淡春风称意忙。每到黄昏醉归去,纡衣惹得牡丹香。"抒发踌躇满志的心怀。

他出仕时,授京兆府参军③,迁右拾遗④、户部员外郎。天祐元年(904),以右拾遗奉诏使闽,册封王审知为琅琊王,赐金紫。后梁开平四年(910),复受命承赞为册礼副使,册封王审知为闽王。寻擢福建盐铁副使⑤、加左散骑常侍、御史大夫⑥。

后辞官回闽,他和王审知关系甚好,他的才华受到王审知赏识,拜他为同平章事⑦,居相位,又晋爵晋国公,赐所居乡曰"文秀",里曰"光贤",漆林庄曰"昼锦"以示荣宠。翁承赞出任王审知闽国宰相,对福建社会稳定、经济文化发展做出重要贡献。他是莆田历史上第一位宰相。后唐长兴三年(932)卒,年七十四,谥忠献,著有《谏议集》《宏词前后集》《昼锦集》等,《全唐诗》收入其诗三十七首。

注释

①常侍:经常在皇帝左右奉侍的官员,均称常侍。

②当时所谓"探花郎",并不专指进士第三名。北宋晚期,"探花"一词才开始专指进士第三人。

③参军:王公府、军府及州郡佐官。

④右拾遗:谏官,其在中书省称右拾遗。

⑤盐铁副使:以管理食盐专卖为主,兼掌银、铁、铜、铁、锡等金属的开采冶炼等事务。多特派大臣充任,或由淮南节度使兼领。

⑥御史大夫:秦统一后,设御史大夫,为御史之长官,亦为丞相贰。唐沿隋制,于御史台置御史大夫一人,为御史台长,掌风化,典法度,监察百官。

⑦同平章事:唐代同中书门下平章事的简称,意即与中书门下协商处理政务。

参考文献

莆田市方志委编:《莆田市志》,市志出版社2001年版。

阮其山:《莆阳名人传》,福建文艺出版社 2013 年版。

金文亨、金立敏:《人物春秋》,厦门大学出版社 1999 年版。

王鸿鹏、王凯贤、张荫堂编著:《中国历代探花》,解放军出版社 2004 年版。

(清)彭定求编:《全唐诗》下,上海古籍出版社 1986 年版。

徐连达主编:《中国历代官制大词典》,广东教育出版社 2022 年版。

2.黄旸

黄旸(1354—1418),字原升,莆田人。

永乐九年(1411),廷试第三(探花),授翰林院编修[1],改承事郎[2],官终文林郎[3]。

注释

①翰林院编修:明代于翰林院修撰之次置编修,为七品官,皇帝文学侍从官,负责起草诏书及机密文件,清沿明制,编修由殿试后进士第二、三名(俗称榜眼、探花)补授。

②承事郎:宋文阶官名,秩正八品,元明升为七品。

③文林郎:文散官名称。明正七品初授承事郎,升授文林郎。

参考文献

林祖泉编著:《莆阳进士录》,海峡文艺出版社 2013 年版。

徐连达主编:《中国历代官制大词典》,广东教育出版社 2022 年版。

3.林文

林文(1390—1476),字恒简,莆田县人,九牧苇后。宣德五年(1430),廷对第三(探花),授翰林院编修。正统元年(1436),他参与编修《宣宗实录》书成,转修撰。后父母相继去世,他一直在家守孝。

服阕复除旧职。景泰三年（1452）升春坊谕德兼翰林侍讲。四年（1453），修《历代君鉴》，书成。七年（1456），修《天下郡志》，书成，升庶子①，仍兼侍讲。天顺元年（1458），英宗复位罢康定时官僚，改尚宝司卿，仍兼侍读。当时翰林应升学士的有七人，皇上怀疑人多，兵部尚书陈汝言对皇上说"唐朝有十八学士，本朝不能算多"，遂拜林文为翰林学士。四年（1460）林文以年老请归，英宗对内阁李贤曰："林文老成忠厚，不可放去"。仍留供职。八年（1464）宪宗即位，以旧讲读②官升太常寺少卿③，兼翰林侍读学士。一个月后，林文再次上书恳请致仕归乡，此时林文虽已年逾七十，然神观清爽，应对精明，安静守礼，接人无大小皆以诚意，朝野大夫踵求诗文，酬之无倦色，诗格温淳，自成一家，被士大夫们推为"醇儒"，咸自谓不可及也。林文曾两次出任会试考官，一次出任读廷卷官，学者们称他上林先生。卒八十七，赠礼部左侍郎，谥襄敏赐祭葬。

注释

①庶子：太子庶子，有左右之分，为东宫属官。

②讲读：经筵讲读官的简称。

③太常寺少卿：太常寺掌宗庙祭祀、礼乐及文化教育。正职为卿，少卿佐之。

参考文献

王鸿鹏、王凯贤、张荫堂编著：《中国历代探花》，解放军出版社2004年版。

徐连达主编：《中国历代官制大词典》，广东教育出版社2022年版。

4.李仁杰

李仁杰（1428—1479），字士英，莆田县人。

李仁杰于天顺三年（1459）考中乡试第三名。成化八年（1472）会试,夺得第七名。殿试又获第三名,授翰林院编修。官至国子监祭酒①。

注释

①国子监祭酒:晋置,掌学政,领所隶国子等学。唐置国子监祭酒一人,从三品,掌儒学训导之政,总领国子、太学、广文学、四门学、律学、书学、算学。宋置国子祭酒,从四品,掌国子监及太学、武学、律学、小学之政令,总治监事。此后,历代多沿置,至清末始罢废。

参考文献

王鸿鹏、王凯贤、张荫堂编著:《中国历代探花》,解放军出版社2004年版。

徐连达主编:《中国历代官制大词典》,广东教育出版社2022年版。

5.戴大宾

戴大宾(1489—1509),字寅仲,明代莆田人,生而颖异,三岁学语时即能属对,五岁时,能出口成章,十岁时,他随祖父到官署,祖父云“虎皮褥盖学士椅”,大宾对云“兔毫笔写状元坊”。祖父点头称善,与他同到泮宫,携手绕柱而行,又出对云“手围红柱团团走”,大宾答云“脚踏青云步步高”。十一岁时,他随祖父买笋,又以“竹篮装笋是公装孙”对“稻草捆秧是父捆子”,使四方乡亲拍手叫绝,赞扬他学识渊博,才思敏捷。十二岁时,已通晓诗文,常出入府衙会文。有次他在衙署后花园中折了一枝梅花放在袖子里,恰被太守瞥见。太守知其才,便叫住他,戏责云:“白面书生,袖里暗藏春色。”大宾施礼婉言对云:“黄堂太守,眼前明察秋毫。”太守惊讶不已,又出对云:“小犬无知,闯入深山窥虎豹。”大宾朗声笑云:“新龙未遇,闲来浅水戏鱼虾。”他信口答对,妙趣横生,又寄托大志,太守惊叹说:“此子非池中物也!”

十三岁,他便参加乡试,宿住福州一客栈,夜里听着隔房一书生多次吟对"口含笔尾唇点墨",却一直未听到下联。大宾听了有点不耐烦了,只见桌上的油灯昏暗,他用指尖挑了一下灯芯,猛然想出对句,于是马上大声对曰"手蘸灯芯指沾油"。隔壁那书生闻声随即前往道谢。

同辈见其年少,对他说:"小朋友如此年纪就要做官,想做何官?"戴大宾答道:"做阁老。"一位秀才见他人小口气大,想考他一考,便带着戏谑的口气,出一联曰:"未老思阁老。"戴大宾毫不客气地立时以一联回击道:"无才做秀才。"众人听后哄然大笑,那位秀才,羞得面红耳赤,灰溜溜地走了。

弘治十四年(1501)戴大宾考中乡试第三名举人后,有位贵客来拜访他的父亲。知道大宾会对"对",就出一联:"月圆。"戴大宾立刻答道:"风扁。"这位贵客觉得奇怪,就问大宾"风扁"是什么意思?戴大宾说"风是任何缝隙都可以钻进去的,不扁如何可以钻进去?"贵客听了觉得是有道理。接着又出一联:"凤鸣。"戴大宾答曰:"牛舞。"那位贵客不解其意,又问大宾。戴大宾则答道"《尚书》里说'百兽率舞',百兽能把牛排除去不成?"贵客不得不佩服,戴大宾确实称得上神童。

正德三年(1508),二十岁的戴大宾会试第二,廷对第三(探花),除翰林院编修,对策流播海内。

宦官刘瑾之兄有一女儿,颇有几分才貌和姿色,刘瑾视如己出,收为养女。刘瑾见戴大宾天资聪慧,秀伟异常,意欲招他为养女婿,就特意为其选择一处豪宅,配备佣人、车马、衣物,极尽奢华。戴大宾揣测依附刘瑾今后必有损自己名声,心生一计,每日里纵酒狂醉,而且假借酒力,漫骂刘瑾,还每日鞭笞刘瑾派来侍候他的仆人,仆人实在无法忍受,便向刘瑾告状,说戴大宾乃轻薄佯狂之徒,今后也必不能成大器。渐渐刘瑾也打消了招赘的想法。此时,恰戴大宾的母亲去世,他急奔家乡,因伤心过度,卒于归途之中。

参考文献

王鸿鹏、王凯贤、张荫堂编著:《中国历代探花》,解放军出版社2004年版。

林祖泉、康永福:《壶山采璞》,海风出版社2001年版。

莆田市方志委编:《莆田市志》,方志出版社2013年版。

徐连达主编:《中国历代官制大词典》,广东教育出版社2022年版。

五、截界

在清代以前，莆田尚无界里界外之分，界外的说法是在清代以后的事了。明末郑成功不满异族统治，以台湾为根据地，竖起"反清复明"大旗，清廷对此恨之入骨，企图把郑成功领导的抗清部队饿死困死在海里。清初顺治时为了割断沿海人民与郑成功的联系，下令沿海各省督抚镇等文武官员，"严禁商民船只私自出海。"不久又下令截界，勒令沿海居民迁徙内地，实行坚壁清野政策。沿海各省清地方政权，按划定的界，强迫临海人民迁入内地。

（一）截界灾难

据史籍记载，莆田当年的截界，是从渠桥的壶山开始，沿着黄石的谷城山（青山）绕经水南至宁海桥然后到涵江的新浦、鳌山一带，再往北至现在的江口镇近海地区。这样，莆田北起兴化湾南至湄洲湾的大片土地，都被列为界外。截界路线划之后，清官员就使用暴力，强迫界外人民群众全部迁入界内。然后把界外的房屋全部拆毁、烧掉，所有的树林全部砍掉，违令者按军法处死。死亡者不计其数，而近界居民，其祸犹烈，守界清兵，动不动以"通敌"罪名残杀无辜。《莆变纪事·人稀篇》记载："界内百姓死于力役，死于饥饿，死于征输，至有巷无居人，路无行迹者。"据统计，迁界中莆田人民群众死亡占一半，莆田界外饿殍满地，尸骨遍野，惨不忍睹。

迁界后，界外土地荒芜，成为虎狼出没地。同时，截界也严重地破坏了界内的生产，使莆仙两县四十四万亩的良田抛荒二十多年，莆田县的地籍损失了一半。界内外水利设施也遭到严重破坏，海堤全部被冲毁，海潮涌入南洋平原，农作物全部毁掉。渔业和盐业生产破坏殆尽，引起盐荒。航运和海外贸易也遭到破坏。截界，严重地破坏了社会经济，摧残了文化、教育废弃，境内图书、文物也被洗劫一空。

清政府下令强迫迁界，并没有达到自己预期的目的，没有起到对郑成功抗清复明基地厦门、金门、台湾进行经济封锁的作用，没有割断沿海人民与郑成功部队之间的联系，反而不利于清统治者。迁界使清政府减少赋税收入，不但田赋减少，盐税全部无征。迁界给清政府和百姓带来严重后果。

莆阳史话

　　清廷在莆田截界二十二年,给莆田人民带来空前灾难,使莆田的经济大大倒退了。莆田沿海经济文化落后二百多年,难以恢复。

　　目睹当时截界情景的郭凤喈写有《截界行》诗,描绘这一悲惨的情况。

参考文献

　　郑国贤编:《莆田地名荟萃》,政协福建省莆田县委员会编:《莆田文史资料·第十五辑》,莆田县教育印刷厂 1991 年印行。

　　中共莆田县委宣传部编:《莆田诗咏》,福建人民出版社 2000 年版。

　　中共莆田县委宣传部编:《莆田史话》,福建人民出版社 2000 年版。

（二）截界行

　　《截界行》以"史诗"的格调，按时间顺序来叙述事件，字里行间渗透着抒情、议论，对造成这千家万户流离失所的人间大惨剧的"豺狼"们，提出悲愤的控诉，作者是郭凤喈。

截界行

　　黑风吹沙砾，白雾蔽前川。
①昨夜府帖下，附海尽弃迁。
　　官军来驱迫，长吏令难延。②
③限期出乡井，眼见焚屋椽。
　　亲属骇相对，号泣但呼天。
④忍料举族去，恻怆辞祖先。⑤
　　妇女哀路旁，牛豕散广阡。
　　暮投树下宿，朝坐草头餐。⑥
　　人生不如草，倏忽见摧残。⑦
　　回首望故里，惨淡无人烟。
⑧豺狼窟我冢，孤兔走我田。⑨
⑩壮者身何托？老幼命难全！
⑪饥寒更转徙，他邦孰肯怜？⑫

注释

①府贴:这里指政府的公文告示。

②长吏:大小官员。

③乡井:指家园。

④忍料举族去:怎么也想不到,会整个家族被迫迁移。

⑤恻怆辞祖先:万分悲痛地向祖先的灵位告辞。

⑥朝坐草头餐:白天就在草地上胡乱用餐。

⑦倏忽见摧残:见:被。一下子就被摧残得惨不能忍睹。

⑧豺狼窟我冢:祖冢成了野兽的巢穴。

⑨孤兔走我田:田地也成了野兽出没的场所。

⑩壮者身何托:青壮年寄身何处?

⑪饥寒更转徙:转徙:辗转迁徙。饥寒交迫的移民辗转他乡。

⑫他邦孰肯怜:他邦:别的地方。这些可怜的人,哪里肯收留他们?

参考文献

林金松、陈豪编著:《诗词散文》,福建人民出版社 2003 年版。

六、倭祸

十五世纪初，日本国内部政治斗争剧烈，诸侯各邦也互相攻伐，政局动荡。败落的封建主和武士逃到海上，勾结海盗和走私的武装商人，组成强大的武装集团，经常窜犯中国沿海，给沿海人民带来无穷灾难，人们称这伙武装集团为"倭寇"。处在福建中部沿海的兴化府，则是受倭寇侵害最惨重的地区之一。

　　明初，莆田兴化有兴化卫、平海卫和莆禧千户所，在各冲要地带建寨，抗击犯境倭寇；明代中期，朝政腐败，海防废弛，倭寇又来大肆抢掠，沿海平原再遭空前灾难，平海卫城和离府城不远的林墩都被倭寇占据。嘉靖时，戚继光率军从浙江入闽，歼灭了盘踞在宁德的横屿、福清的牛田和莆田的林墩的倭寇。戚家军回师浙江时，倭寇又乘机攻兴化府城。戚家军复来，终于歼灭盘踞平海卫和围攻仙游的倭寇，兴化倭患才告严息。

（一）抗倭战争

　　十四世纪，日本内战中失败流亡海上的封建主、武士、海商、游民组成的海盗队伍（史称"倭寇"），一再侵犯中国的东南沿海地区。在嘉靖二十二年至四十二年（1543—1563）的二十年中，兴化府先后十六次遭其侵掠，沿海群众深受其害，兴化军民奋勇抗击倭寇。

林墩戚公祠（郑朝阳摄影）

　　嘉靖四十一年(1562)，倭寇大举侵犯福建。倭寇以宁德横屿、福清牛田、莆田林墩为基地，四出焚掠。

　　福建告急，浙直总督[①]胡宗宪调戚继光率军入闽剿之。嘉靖四十一年(1562)八月，戚继光率军进攻横屿。

　　横屿是宁德县附近的小岛，距宁德城仅十里。

　　横屿四面临海，退潮的时候周围全是淤泥，路面泥泞难走，一不小心就会陷入淤泥，且退潮只有一个时辰，如果不能在这段时间内穿越过去，用不着倭寇动手，海浪就能把进攻的明军淹没，虽有战舰，无法从海上靠近，若是从陆上进攻，要跋涉十里路的海滩，当地百姓把横屿叫作"夺命岛"。倭寇在屿上建巨屋，外创重城，作为四出劫掠的基地，和福清牛田、莆田林墩两地倭寇互结声援，以为陆兵决不能过港，恃横屿天险，自以为可以高枕无忧，常驾小艇乘潮出掠。

　　横屿对面有个张湾镇[②]，因为倭寇势力大，镇上有数千男丁，都投靠倭寇。要收复横屿，必须由漳湾进兵，也就必须解散倭寇在漳湾的党羽。戚继光下令广贴布告，开诚布公地晓谕他们，只要他们和倭寇斩断葛藤，既往不咎，宽大处理。这张布告发挥了特殊作用，乡民纷纷放下武器，前来投诚。

　　戚继光向当地人询问近一段时间的潮汐情况及其规律，发现每月初八那一天，退潮到涨潮的间隔最长，对抢渡的部队最为有利。

　　八月初八日早晨，全军在海边集合，激昂慷慨地誓师。每个将士背一束稻草，从岸上走下来，把稻草铺在泥泞上面，填泥而进，每百步一息，渐渐逼近横屿。此时倭寇早已在岸边列阵而待。戚家军兵分三路，主力正面攻打倭寇，另外两路兵抄袭倭寇后路并焚烧倭寇巢穴，前后夹攻，鏖战很猛烈，只用三个时辰(六小时)，就把多年的积寇，全部解决。生擒了九十余寇，斩首两千六百余级，夺回被倭寇掳去的百姓三千七百余人，这是福建抗倭历史上空前的大捷。

　　福清牛田是倭寇盘踞的又一个据点。倭寇听说"戚老虎"来了，纠合分散各地的武装，共有两万余人，屯驻于牛田的附近村寨，连营三十里,声势颇壮。戚继光来到牛田附近,先派出一千名士兵攻占石塘,吸引倭寇的注意力。他自己亲领三路明军,乘夜奔袭杞店倭寇,将睡梦中惊醒倭寇一举歼灭。战后,戚家军退至锦屏山休息,夜晚,有倭寇七百余人前来偷袭,被戚家军伏兵发现,戚继光迅速整合部队迎战,倭寇不支退去,戚家军乘胜追击,直捣牛田大寨,连续攻克倭寇多个营垒。为了挽回败局,倭寇以骑兵冲阵,富有经验的戚家军伏地以鸟铳还击,倭寇的骑兵被打得七零八落。这一仗,共杀死倭寇六百八十八人,救出被掳男妇九百五十四人,迫使倭寇胁从部队两千余人反正。

横屿、牛田大捷后,戚继光于嘉靖四十一年(1562)九月十二挥师莆田,直捣倭寇在福建的最后一个据点莆田林墩。倭寇的酋长就盘踞在这里。林墩位于莆田城南二十里,地势险要,"四面阻河,通接海港",倭寇在此"列栅自守"。从牛田逃出的残余倭寇,投奔林墩与贼酋会合,使之力量更加强大。为防止打草惊蛇,戚继光下令全体将士在城中民家歇息,自己从容拜谒宴饮,给倭寇以全军休整的印象。半夜,戚继光悄悄于东市集中将士,乘月色逼近倭寇巢穴。不料向导通敌,留黄石大道给倭寇逃生,而引导戚继光军队走西洪小路。西洪一带淤泥溪水环绕,只有一座小桥通往敌巢。此时倭寇已将小桥拆毁,叠石纵横,顽强抵抗。戚继光虽众,但小桥处只容一人可过,"兵无战地,力无所施",伤亡十分惨重,"前哨官周能己战没首队三十四人,次队金福等兵亦丧其半"。激战一个时辰,戚军三进三退,战况十分胶着。此时,把总张谏等听到战鼓声,从宁海桥攻倭寇后部,倭寇腹背受敌,被迫退入巢穴。倭寇巢穴"空壁逼水岸,狭巷委屈",长枪等武器施展不开,双方短刀巷战。倭寇寡不敌众,落水溺毙者千余人。残寇往黄石方向溃逃,戚军乘胜追击十五里,直抵窑兜。此时,附从倭寇之人见败局已定,四散逃走,真倭躲入砖瓦窑中,藏匿不出。戚军上房揭瓦,将燃着的草木投入屋中,然后再投入火药。火药爆炸时,戚军乘机杀入,残倭全部被歼灭。此战,生擒倭寇男女二十六人,斩首二千零二十三级,焚溺数千人,解救被掳千户一人,生员五人,男妇二千一百一十四人,夺回永宁卫所印章五颗。

剿灭了横屿、牛田、林墩三地的倭寇后,戚继光率军返回浙江休整。嘉靖四十一年(1562),倭寇乘戚继光回浙江之机,又在福建沿海烧杀劫掠。此次倭寇集中三千四百多兵力,突然围攻兴化府城。在奸细的里应外合下,兴化府城于十一月陷落。

倭寇攻陷府城后,盘踞城中整整两个月,城中断粮,尸骸遍地,腐臭不堪,遂于正月二十九退出府城,在崎头(在今埭头镇)结巢,明军都指挥欧阳深入城安置居民后,率兵追剿,中途中了埋伏。所部官兵数百名全部阵亡。倭寇又乘机攻陷平海卫,把巢穴转至许厝(属今东峤镇)。

嘉靖四十二年(1563)四月,戚继光率军抵达莆田,巡抚③谭纶命令戚继光率中军,刘显率左军,俞大猷率右军,在平海围攻倭寇。倭寇大败,被斩首二千三百人,解救被掳掠人口三千余人。莆田的倭患至此基本解除。

倭寇侵害莆田达二十年之久,给莆田人民带来深重的灾难。直接死于兵祸的人有三万多人,由于尸体得不到及时掩埋,臭气熏天。疫病流行,四野尸骸枕藉,惨不忍睹。

莆田著名的学者林兆恩,组织门徒、学生收埋尸体两千多具,火化尸体五千多具,收埋遗骨一百多担,故莆人有"黄石九十九墩(集体坟墓)"的俗语。

戚继光,山东省牟平县人,出生于将门家庭,十七岁时世袭登州指挥佥事④。嘉靖三十年(1551),由署山东都指挥佥事任上调到浙江防倭。第二年,升任宁绍台参将⑤。当时闽、浙沿海倭患严重⑥,他组建一支以农民、矿工为主的四千多人的军队,人称"戚家军",抗击倭寇。他以身作则,与战士同甘共苦。戚家军军纪严明,英勇善战,人称"铁军"。

戚继光三度率军援助兴化平倭,兴化人民万分感激,为他建生祠,赞颂他的功德。

注释

①总督:总管监督。明清官名。明初,有军事,命京官总督军务,事已旋罢,原非一定官职。成化五年(1469),专设两广总督,清沿明制,并正式以总督为地方最高长官,辖一省或二、三省,综理军民要政。官阶为正二品。加尚书衔者为从一品。总督有节制文武之权,明清皆以制台、制军为通称。

②宁德横屿对面的镇是漳湾镇,不是张湾镇。

③巡抚:明有巡抚,清沿明制,并正式规定巡抚为省级地方政府的长官。巡抚的职掌名义上以民政为主,事实上则兼理军民,总揽一省的军事、吏治、刑狱等。

④指挥佥事:掌与长官同签公文之事。

⑤参将:明清统兵武官。明制,参将分守各地,位于副总兵之下。

⑥倭寇攻陷莆田府城,全城军民被杀万余人。倭寇侵害莆田达二十年之久,给莆田人民带来深重的灾难,直接死于兵祸的有三万多人。

参考文献

徐晓望主编:《福建通史·第四卷·明清》,福建人民出版社2006年版。

朱维幹:《福建史稿·下册》,福建教育出版社2008年版。

林国平、彭文宇主编:《莆田通史》,社会科学文献出版社2021年版。

中共莆田县委宣传部编:《莆田史话》,福建人民出版社2000年版。

徐连达主编:《中国历代官制大词典》,广东教育出版社2022年版。

（二）民俗做大岁

莆田民间热闹每年除了除夕"做岁"外,在正月初四还要"做大岁"。这个习俗,源于倭寇窜犯兴化的历史。

据载,明嘉靖四十一年(1562),倭寇侵犯莆田,并于十一月廿九晚攻陷府城,倭寇如狼似虎,兽性大发,杀人放火,奸淫掳掠,无恶不作。兴化城内被焚毁殆尽,全城军民被杀万余人。倭寇盘踞城内六十多天,搞得整个城区腥秽不堪,俨然成为人间地狱,倭寇难以再住下去,不得不于次年正月廿九弃城撤回沿海老巢。二月初二,逃亡的百姓陆续返回家里。但年节已过,大家一面掩埋亲友的尸体,一面收拾破碎的家园,二月初四补"做岁",初五补过"初一早"。后来大家觉得在二月初四补"做岁"时间拖得太长,就改为正月初四"做岁",因为除夕已"做岁"了,所以把初四称"做大岁",同时将二月初二改为正月初二,作为探望亲友伤亡的不祥日子,俗称为"探亡日",这天不能串门拜年或走亲访友。这个习俗一直沿袭到现在,成为莆田人过春节的独特风尚。每年春节家家户户都要贴白额春联,以纪念死难同胞。

参考文献

莆田市文联、莆田市民间文艺家协会编:《莆田民间故事选》,海峡文艺出版社 2017 年版。

七、历史名人

莆田人杰地灵,人才辈出,历史上涌现了许多名人,对国家、对社会、对人民作出了巨大贡献,值得我们世世代代铭记和学习的,这里只编写部分对社会有过较大影响的先贤事绩,以激励后人。其中有开启莆田文化的郑露、福建最早的女诗人江采苹、《无鬼论》作者林披、维护国家统一的林蕴、莆田第一位宰相翁承赞、首任兴化府知军段鹏、北宋名臣蔡襄、海上护航女神林默娘、木兰陂创建者钱四娘、宋代史学大家郑樵、爱国宰相陈俊卿、勇于改革的参知政事龚茂良、守节不屈的宰相郑侨、民族英雄陈文龙、执法如山的彭韶、一心为民的太守岳正、经济名臣郑纪、"三一教主"林兆恩、明兵部左侍郎郑岳、为民申冤彭鹏、清威略将军吴英、清礼部右侍郎郭尚先、直声震天下的江春霖等。

（一）一门九刺史

　　林披(733—802)，字茂则，莆田荔城区西天尾镇澄渚村人。出生于官宦人家、书香门第，从小受到良好的正统的儒家思想教育。据史志记载，林披祖父玄泰，曾任瀛州刺史；父亲万宠，任饶阳太守。披"少颖异""书经目辄记，手抄六经子史，千余卷"。于天宝十一年(752)明经①擢第，授临汀郡曹掾②。临汀人多信鬼神，他撰写《无鬼论》一文，教导民众。郡刺史樊晃向朝廷启奏此事，他因此而授临汀县令，累迁临汀郡别驾、知州事。临汀任职期间，为建立当地朴素良好的习俗做了大量的工作，政声传到京师，得到御史大夫李栖筠举荐，诏授检校太子詹事兼苏州别驾，赐紫金鱼袋，上柱国。因不善迎合上官，任职不久就弃官归故里。

　　林披娶郑氏，生苇、藻、著、荐、晔五子；续娶陈氏，生蕴、蒙、迈三子；又娶朱氏，生蔇一子。

　　长子林苇，建初中明经及第，端州刺史；次子林藻，贞元七年(791)进士，江陵刺史；三子林著，贞元六年(790)明经及第，横州刺史；四子林荐，贞元十二年(796)明经及第，韶州刺史；五子林晔，明经及第，通州刺史；六子林蕴，贞元四年(788)明经及第，邵州刺史；七子林蒙，循州刺史；八子林迈，光化二年(799)明经及第，雷州刺史；九子林蔇，明经及第，福唐刺史。一门九子为刺史，世称九牧林。

　　在九刺史中，次子林藻与第六子林蕴最为出色。

　　林藻，林披的次子。唐贞元七年(791)，藻赴省试，所作《合浦还珠赋》有"珠之去也，山无色兮氛雾冥冥，海无光兮空水浩浩；珠之来也,川有媚兮祥风习习,地有润兮生物振振"句,极受主司杜黄裳的赞赏,因登进士第。后官至殿中侍御史、江陵刺史。林藻也成为莆田立县以后考中进士的第一人。史志对林藻从政事迹记载无多,后人更多关注的是他的高超书艺,可谓以书法名世。

林蕴,林披的第六子。唐贞元四年(788),以明经登第,授官集贤殿校理。贞元十六年(800),韦皋任西川(四川)节度使,聘蕴为推官。顺宗时,皋死,刘辟代为节度使,据地称雄,不受朝廷节制。蕴直言极谏,刘辟大怒,要杀他。临刑,他大叫说:"危邦不入,乱邦不居。得死,幸矣!"辟密令行刑者把刀架在林蕴的脖子上来回磨动,逼他屈服。怒叱说:"死即死,我颈岂顽奴砥石耶?!"辟惜其直,不忍杀,贬他为唐昌县(今属四川)县尉③。蕴乘间逃往京师。刘辟失败后,林蕴不畏强暴、气节高尚的名声在京城流播受时人敬重。

李吉甫、李绛、武光衡任宰相时,林蕴写信婉言规劝,说国家有西部疆土,犹如人的右臂。如今臂不附体,北部远到豳州(古西戎地,治所今陕西彬县)郊野,西到汧、陇(今陕西甘肃一带)地区,不到几百里就是外国的疆域。泾原、凤翔、邠宁三镇都是右臂,大藩镇拥有军权的达数十百人,唯李抱玉请求收复河湟地区,但找不到合适的将领,应当选拔军人出身的长官,使守秦陇(指今陕西、甘肃部分)。帝王功业完成后制作音乐,政治安定后制定礼仪。有权势之臣制作乐曲,自立为王,破坏纲纪。舜命令契说:"百姓不亲,五伦不顺,你去做司徒官。"唐时用韦皋、杜佑、王锷、田季忠当司徒,任命官没有选择人选,卢从史、于皋谟罪恶大却刑罚轻。从事务农耕织的人不到百分之一,农夫一人要供给一百人吃口,蚕妇一人要供应一百人穿衣,尽力在下面劳作的人,反而饥饿得不到食物,寒冷得不到衣服。守边士兵面有菜色,将帅却纵情奢侈,自我奉养。中等人家十户收入不够供给一个无功的兵卒,一百个兵卒不能奉侍一名骄横的将领。"这六件事都是当时最大的弊害。因此林蕴也被韦皋推崇敬重。但林蕴嫉恨韦皋专制独行,感慨地通过关节进行劝说。林蕴嗜酒,触犯很多人和事,宰相搁置不予重用。

元和十三年(818),沧景军(治所今河北沧州、东光地区)节度使程权征召林蕴任掌书记。不久,献上所辖四个州的领土,请朝廷委官管理。然而军中将士习惯据地专行,害怕归属朝廷,挟持程权抗拒朝命,程权不能出来。林蕴向为首举事的将领陈述君臣大义,晓之以理,军中人人开心喜悦,于是程权得以出去。

林蕴升任礼部员外郎④。刑部侍郎刘伯刍在朝廷推荐他,出任邵州(今湖南邵阳)刺史。咸通十年(869)卒,赠洪州(今属江西南昌)刺史,谥"忠烈"。

九牧林氏祖祠(郑朝阳摄影)

林蕴秉性刚烈,居官忠直,对维护国家安定统一有功。其子孙于莆田县浮州埔(今莆田忠门镇)立"忠烈"牌坊祀之,俗称"忠烈门",今忠门地名即源于此。

九牧的子孙播迁海内外,后昆名人众多,如妈祖林默娘、民族英雄林则徐,皆出九牧林氏。

注释

①明经:汉代临时设置的察举科目,明经即通晓经学;唐宋举士科目之一;明清时代称贡生为明经。

②曹掾:郡县诸曹主官的通称。

③县尉:主管一县的军事。

④林披历官,各书记载也不同。《澄渚人文》载其:"官将乐县令,贬临汀郡曹掾,改临汀令。"《兴化府志》《闽书》《莆田市志》《莆田县志》均载:"明经擢第,授临汀郡曹掾。"本书采用明《兴化府志》的记载。

参考文献

莆田县方志委编:《莆田县志》,中华书局 1994 年版。

阮其山编著:《二十四史莆仙人物传》,中国文史出版社 2013 年版。

刘福铸主编:《莆田史话》,社会科学文献出版社 2014 年版。

徐连达主编:《中国历代官制大词典》,广东教育出版社 2022 年版。

（二）首任知军段鹏

宋太平兴国三年（978），在仙游游洋镇发生农民起义。为了加强对这个地方的控制和管理，太平兴国四年（979），宋太宗亲自决定析莆田、仙游、永泰、福清地设置兴化县，并设置太平军，"宣风化、平狱讼、均赋役、以教养百姓。"以"德化民"。段鹏任知县知军。

段鹏，宋知军也，京兆（今陕西西安）人，太平兴国五年（980），由知兴化县事加著作佐郎，升任兴化军首任知军①。

他以司农寺丞的身份来主持兴化县的政事。当时恰好兵乱结束后，他便用宽厚仁慈的政策来体恤老百姓，老百姓安定得像往日一样。他教育百姓的方法，都是以《礼·乐记》书中的话来宣传、教化。

北宋置县后，相传是以农民运动首领林居裔故居改为县署的。县署正厅是知县事段鹏所建。兴化县居民分散，初期没有筑城，后来据说也有夯筑土城墙。

宋太平兴国八年（983），福建路漕运使杨克让认为游洋转输不便，奏准将兴化军军治迁到莆田县城。创建初，庶务繁杂，段鹏常能从容应对，他往往于农闲时，借倩民力以为之。以都巡检廨为军治；筑子城以守护官署衙门；筑土垣为外城，以环居民；建崇楼于军治之前，以鸣鼓角；迁都巡检廨于子城之西，以便巡警；建都监于军治之东，以提举兵马公事。鹏虽劳于使民，而民不怨。后世论创始者称段知军云。

论曰：以礼乐忠信教民，此孔门作用。鹏学未有所考，意者其读《儒行篇》而有得耶？太宗建军曰兴化军，而以鹏领之，得其人矣。

注释

①知军:宋元时期地方行政区划之一。宋制,以京朝官带职者出任地方军一级的行政工作称知军事,简称知军。

参考文献

(明)周瑛、黄仲昭:《重刊兴化府志》,福建人民出版社 2007 年版。

(明)周华著、蔡金耀校勘、卢金城注译:《游洋志》,涵江福利印刷厂 2009 年印行。

莆田市方志委编:《莆田市志》,方志出版社 2013 年版。

林国平、彭文宇主编:《莆田通史》,社会科学文献出版社 2021 年版。

徐连达主编:《中国历代官制大词典》,广东教育出版社 2022 年版。

（三）北宋名臣蔡襄

　　蔡襄（1012—1067），字君谟，仙游县枫亭人，庆历七年（1047），移居莆田城南蔡宅村。

　　蔡襄出生于农家，父亲蔡琇年轻时还当过泉州府的吏员，因为人正直，不善于奉承拍马，又不满同僚间互相排斥、倾轧的混浊氛围，愤然辞职，返乡务农。母亲卢氏为惠安名士之女，是个了不起的女人，她十分重视幼儿教育，她在征得父亲卢仁的同意后，把年仅五岁的蔡襄和三岁的蔡高兄弟两人寄

蔡襄塑像（郑朝阳摄影）

到惠安娘家,同年纪的蔡襄相仿的舅舅卢锡一起,到外公执教的伏虎岩寺读书,接受系统的启蒙教育。[①]

蔡襄外祖父卢仁"专攻经史,又善于古文",他能写一手好文章,在惠安县很有名气,被当地人誉为名士,卢仁参加过几次进士考试,累试不第,只好在家乡开书馆,以教书为生。

蔡襄兄弟在伏虎岩三年读书,不仅得到好老师的教诲,也遇到同窗好友卢锡和杨公明,获其帮助,得益不少。

蔡襄八岁时与弟弟一起转学到本乡乡序(即乡村学堂)枫亭会心书院就读。

天圣二年(1024)十月,得仙游县尉凌景阳的赏识,荐入县学读书。

天圣三年(1025),蔡襄十四岁,在仙游县学读书,作《栽松诗》明志,诗云:"谁种青松在塔西,塔高松矮不相齐。时人莫道青松小,他日松高塔自低。"

天圣四年(1026)秋,蔡襄、蔡高应兴化军贡举考试,入军学读书。

天圣六年(1028),兴化军荐举,蔡襄、蔡高于是年秋赴京都开封应试。

天圣七年(1029)春,试于京都国子监(宋代中央最高学府),补广文馆生。秋,又赴国学解试,为开封第一。蔡高年少,此次未得举。时在京任屯田员外郎的凌景阳获知消息万分高兴,他不仅登舍祝贺,还介绍蔡襄到江苏江阴县岳父葛惟明寄读,等待翌年参加尚书省礼部举行的省试。

葛惟明家资巨富,他曾参加过一次进士考试,未中,退隐家中,设馆讲学。葛惟明父子给蔡襄很大方便和帮助,还将女儿许配给蔡襄为妻。

天圣八年(1030),十九岁的蔡襄从江阴复赴汴京参加省试和殿试,登进士甲科第十名。五月,蔡襄授将仕郎[②]。六月再试,迁秘书省校书郎。

天圣九年(1031),任校书郎。

天圣十年(1032),十月,以秘书省校书郎授漳州军事判官。

景祐三年(1036),时蔡襄漳州任满。三月,蔡襄进京赴吏部铨选。五月,范仲淹揭露宰相吕夷简擅权、徇私,被斥为"越职言事",贬知饶州,而余靖、尹洙、欧阳修仗义执言,为范仲淹辩护,结果三人均落职被贬。对此,二十五岁的蔡襄十分气愤,他仗义执言,作诗《四贤一不肖》,盛赞四贤不畏权贵,怒斥高若讷的卑劣行为。京城人士争相传抄,契丹使者正好到宋朝,也买诗带回,张贴在幽州(治所今北京)的驿馆。

蔡襄的《四贤一不肖》长篇组诗引起朝廷的震动,《续资治通鉴》记载:"泗州通判陈恢上章乞根究作诗者罪,左司谏韩琦劾恢越职言事希恩,宜重贬,不报。而襄事亦寝。"

六月三日,召蔡襄试大理评事,充西京(今洛阳市)留守推官。

上任不久,景祐三年(1036)冬,蔡襄就请假赴江阴接家眷,途中遇奉诏还台之新授侍御史庞籍,即向他反映漳、泉、兴三郡税太重的问题,庞籍答应回朝奏明。翌年,蔡襄见朝廷未有减税之诏敕,遂致书庞籍(即《上庞端公书》),敦请再向朝廷奏免漳、泉、兴三郡身丁税。

康定元年(1040)六月,蔡襄洛阳任满,赴京都。更任著作佐郎秘阁校勘,协助欧阳修编纂《崇文总目》。

宋仁宗庆历三年(1043)三月,仁宗更换宰相,亲自提拔余靖、欧阳修及王素任谏官,蔡襄又写诗祝贺。四月,三个人共同推荐蔡襄,仁宗任蔡襄知谏院③。时称欧、王、余、蔡为"庆历四谏"。蔡襄为言路开放而欢喜,同时也忧虑正人君子难以长久在朝廷立足,于是上书说:"朝廷增加任用谏官,欧阳修、余靖、王素一天之内同时任命,朝野竞相庆贺。然而任用谏官不难,听取谏言才难;听取谏言不难,采用谏言才难。他们三人忠诚刚正,一定能知无不言。我担心对奸邪小人不利,必定会制造一些抵制的言辞。"

宋庆历四年(1044)六月,京师开宝寺塔为天火焚毁,朝廷斥巨资重建,取塔基舍利归寺。蔡襄终夕不寐,漏夜草疏,连上三章,乞请寝罢迎舍利活动。蔡襄又上疏乞罢重建开宝寺。

宋庆历四年(1044)七月,旱灾蝗灾、日食、地震连续发生,朝野议论纷纷,皇室、豪门贵幸和一些官僚,对灾害给人民带来的苦难,视而不见,听而任之,还大兴土木,歌舞升平,过着奢侈的生活。蔡襄连上四篇奏疏。指出:"灾害的到来,都是由于人事。几年以来,上天的警诫接连来到。推究招致天戒的原因,是由于君臣上下都是有过失的。不专权果断,不独揽权威,致使号令不能取信于人,恩泽不能普及天下,这是陛下的过失;操持天下的权柄,掌握百姓的命运,没有优异的计谋用来矫正当时的弊病。不能尽忠尽节与所任用的职使相称,这是大臣的过失;朝政有弊病却不能纠正,百姓有疾苦却不能除去,陛下宽大仁义不能专断却缺少规劝,大臣默守成规逃避职事却不加斥责,这是我们谏臣的罪责。陛下已经有自己承担过失的言辞,通达天地神灵了,希望能切实应付灾变。"

吕夷简担任平章国事,宰相以下的官员就到他的府第商议政事,蔡襄奏请停止这种做法。

这年八月,驻守保州(今河北保定)的兵卒叛乱,推定十多名懦弱的兵士为首恶分子杀死,以求招抚余部。蔡襄说:"天下军队百万,如果没有诛杀决行的法令,必将开启骄横傲慢发动暴乱的根源。现在州兵杀死官史、关闭城门,不能讨伐就同意招抚他们,岂不被天下笑话。请求带兵进城,全部处死他们。"诏令同意他的建议。

宋庆历五年(1045)正月,蔡襄以母亲年老为由,请求出任福州知州。到任不久,就碰上福州历史上罕见的大旱灾,大片农田作物枯萎,粮食歉收,民众生活贫困交加。蔡襄祷雨后,立即发动民众修复古五塘,灌溉农田。古塘复修后,大片农田得到灌溉。农作物收成有了保障,缓解了民众饥困。

庆历六年(1046)正月上元佳节间,蔡襄在福州号召郡民大摆灯会,后因陈烈以诗讽谏,遂为之罢。晁说之《晁氏客话》:"蔡君谟守福州，上元日，命民间一家点灯七盏。陈烈作大灯长丈余，大书云：'富家一盏灯，太仓一粒粟。贫家一盏灯，父子相对哭。风流太守知不知，犹恨笙歌无妙曲？'君谟见之，还与罢灯。"

庆历七年（1047）三月，罢知福州，改授福建路转运使，负责财赋。

庆历七年（1047）夏秋间，赴北苑（今建瓯凤凰山）茶园监制贡茶生产，改进制茶工艺，创制小龙团茶，成为京师珍品，客观上推动福建茶业生产的发展。

庆历八年（1048）正月，蔡襄往闽中、闽南一带视察。顺路护送父母回家乡居住。蔡襄返乡，从不摆"衣锦还乡"的官架子，而是深入民间，了解农民生活情况。当他得知兴化军莆田县大户勾结官府，占领五塘为田，严重影响莆田沿海一千余顷田地灌溉，威胁八千余家百姓生计时，非常气愤，立即向朝廷呈报，请求朝廷重新审查恢复莆田五个池塘，以利沿海农田灌溉，救助农民。蔡襄这一奏疏得到仁宗皇帝的批准。诏令地方官，恢复原来的五所陂塘。

不仅复修五塘，蔡襄还在莆田复修慈寿陡门、南安陂和太和陂，使莆田平原的水利得到较好的改善。

蔡襄非常关心漳、泉、兴三郡的丁口税问题，且巡视时又亲眼看到三郡人民贫困景象，特地上《乞减放漳泉州兴化军人户身丁米札子》，请求减免身丁税，奏疏上去，没有回音，直至皇祐三年（1051）十月，文彦博罢相，庞籍任宰相时才得到解决。仁宗皇帝于皇祐三年（1051）十一月下诏："漳、泉州、兴化军自五代以来，计丁出米甚重，或贫不能输。自今泉州、兴化军，旧纳七斗五升者，主户与减二斗五升，客户减四斗五升；漳州纳八斗八升八合者，主户减三斗八升八合，客户减五斗八升八合。为定制。"这是蔡襄为三郡之民办的一件大好事。

蔡襄不仅关注福建民众生活，还同情厢军的生活。

北宋实行募兵制，所募兵员多系贫苦饥民，素质很差，而厢军（即地方部队）又实行易地轮换屯驻，由于路途遥远，水土不服，死亡者很多。为此,他上《乞厢军屯驻广南只于此近军州节次那移对替札子》,请求:"只乞于近比州军节次那移对替,年岁计之,存救人命,不可胜计。"蔡襄这一请求,得到仁宗的恩准,此后福建的厢军不再派往广南,改在附近的州军屯驻和更戍,避免了士兵的无谓死亡。

蔡襄在漕闽期间,非常重视造林绿化。他来福州后,便指示所管辖的闽县、侯官、怀安、连江、长溪、长乐、福清、古田、永福、闽清、宁德、罗源等十二县,在大道两旁栽植榕树,任转运使后,又要求从福州市郊大义渡起,直达泉、漳,七百里,遍栽榕树。既绿化了八闽,又为行人遮雨、避风,后人称赞不已。《莆阳比事》载:"蔡襄漕本路,自大义渡抵临漳,夹道植松七百里。"郭公甫歌曰"夹道松,夹道松,问谁栽之我蔡公。行人六月不知暑,千古万古摇清风",《莆阳比事》赞曰:"闽人刻碑颂德,官禁剪伐,栽于令甲云。"蔡襄被举为福建造林绿化的创始人。

宋庆历八年(1048)十一月,蔡襄丁父忧,离职回莆服丧。

宋皇祐二年(1050)十一月,蔡襄服除赴京,授右正言、判三司④盐铁勾院,复修起居注⑤。后改右正言、直史阁、同修起居注、判三司度支⑥勾院,再迁朝奉郎、起居舍人、知制诰⑦、权同判吏部流内铨⑧、上骑都尉⑨。起居注主要职掌是记录整理皇帝言论和政务活动以及批答奏章,还兼理皇帝诏书的起草等事务。

皇祐三年(1051)十月下旬,因文彦博行贿张贵妃而取得相位事,被谏官唐介弹劾。触怒仁宗,唐介把奏折递上去,连看都不看就掷回,并说将重加贬窜。群臣都不敢劝谏,唯独蔡襄,敢于冒死趋前进言说:"唐介实在狂妄愚蠢,然而出于进献忠心,希望务必保全宽恕他。"唐介贬去春州(今广东阳春)后,蔡襄又上疏《乞寝罢唐介春州之命》,认为这是必死的贬谪,唐介得以改贬英州(今广东英德),保住了性命。

皇祐四年(1052)九月,蔡襄升任朝奉郎、起居舍人、知制诰、权同判吏部流内铨。知制诰负责起草内制文书。蔡襄担任这个职务,也不是唯命是从,而是坚持正义,凡不合理的事,就缴还词头,拒不草制。

皇祐五年（1053）七月，因御史吕景初、吴中复、马遵弹劾宰相梁适的营私舞弊事，而反要遭罢官的处分。知制诰蔡襄以马遵等三人无罪，封还词头，拒不草诏。

皇祐六年（1054）正月，张贵妃卒，仁宗追册为温成皇后，命蔡襄写碑文。蔡襄推辞说："此待诏职尔。"拒绝书写温成皇后碑文。

七月，仁宗擢蔡襄龙图阁直学士知开封府。京师难治，尽管如此，蔡襄在短短几个月中，还是把开封府整治得井井有条，为尔后王素及包拯接任开封尹打下良好的基础。欧阳修称其"为政精明，其治京师，谈笑无留事，尤喜破奸隐，吏不能欺"。

至和二年（1055）二月，以枢密直学士知泉州，然而才两个月，又把他调到福州。

在福州任上，蔡襄发动侯县、闽县、怀安等三县民众兴修利水，灌溉良田三千六百余顷；兴办学校，提倡读经，造就经国人才；撰《戒山头斋筵》，禁止丧家设筵与山头斋会；作《教民十六事》，教育百姓认识官吏行为及处理日常偶发事件，禁止赌钱。

嘉祐三年（1058）七月，到泉州任职，为家乡人民办了很多实事、好事。惩治不法贪官晋江县令章拱之，让百姓拍手称快；发动民众兴修水利，灌溉农田三千八百余亩；督建洛阳桥，带头捐出自家埭田一百六十石助役，首创"筏型基础""养蛎固基"和"浮运架梁"，促使工程顺利进展，确保长三百六十丈宽一丈五尺的跨海洛阳桥得以告竣。从此洛阳江"天堑变通途"。

嘉祐六年（1061）四月，蔡襄被授翰林学士、权三司使，主管全国财政。宋史记载："他计算天下的盈虚出入，合理安排财政收支，量力节制使用，消除蛀虫，重新制定各项财政纪律"。在他的精心管理下，三司为宋王朝积储了大量的物质财富。他在财政管理上很有建树，受到欧阳修等人的赞扬。

宋治平二年（1065）五月，蔡襄以端明殿学士知杭州。翌年，蔡襄因母亲病故辞官守丧。治平四年（1067），他因积劳成疾，在莆田与世长辞,终年五十六岁。家人将其遗体葬于莆田将军山下,后迁葬仙游枫亭。追赠吏部侍郎。赐蔡襄谥号"忠惠"。

　　蔡京与蔡襄同郡,但进身较晚,想要攀附名门,自称是蔡襄的族弟。宋徽宗政和初年,蔡襄的孙子蔡佃廷试名次居于首位,蔡京在殿上侍从皇帝,因族孙关系避嫌,把蔡佃降为第二名,蔡佃终身都怨恨他。

　　蔡襄为官清正、廉洁、自律、刚正不阿、大义凛然、不畏权贵、为民请命、勤于政事、精于吏治、为民办事、雷厉风行。蔡襄不仅政绩卓然而且多才多艺,是个文人士大夫。农艺方面,他著《茶录》,制作贡品茶"小龙团"。撰写被称为世界最早介绍荔枝栽培、制作的专著《荔枝谱》。蔡襄擅长书法,为当时第一,仁宗尤其喜爱。欧阳修说:"君谟书独步当世,笔有师法。行书第一,小楷第二,草书第三"。留世诗作四百多首,奏议六十四篇,杂文五百八十四篇,后人将其收入《蔡襄全集》。

注释

①蔡襄受学有三种说法:

　　一是九岁起,同弟弟到外祖父开设的书馆读书。

　　二是十岁,随母回惠安娘家,从此在伏虎岩石室旦暮苦读。

　　三是据蔡襄《祭弟文》所说:"吾自五岁与汝从学。"即五岁与三岁弟弟随
　　　母归宁,就教于外祖父。

　　本书采用第三个的说法。

②将仕郎:文散官名称。从九品下曰将仕郎。

③谏院:北宋掌谏正朝政得失的机构。

④三司:度支司、户部司、盐铁司的合称。

⑤起居注:记录省、台、院、诸司的奏闻之事。

⑥度支:掌财政经费的收支。

⑦知制诰:官衔名。唐宋时,掌起草诏令的加衔。

⑧流内铨:唐宋吏部所属。掌流内九品官员的选叙。元丰改制后废,以其事归"侍郎左选"。

⑨上骑都尉:汉统领骑兵的高级军官。唐以后,骑都尉为勋官。

参考文献

蔡庆发：《蔡襄评传》，中国文联出版社 2001 年版。

蔡维锬编著：《蔡襄年谱》，厦门大学出版社 2000 年版。

宋湖民：《南禅室集·蔡襄年谱》，莆田市政协文史委 1999 年编印。

阮其山编著：《二十四史莆仙人物传》，中国文史出版社 2013 年版。

莆田市方志委编：《莆田市志》，方志出版社 2001 年版。

徐连达主编：《中国历代官制大词典》，广东教育出版社 2022 年版。

（宋）李俊甫纂辑：《莆阳比事》，中国文史出版社 2017 年版。

陈遵统等编纂：《福建编年史》，福建人民出版社 2009 年版。

（四）蔡襄与洛阳桥

在福州、兴化、泉州官道上离泉州二十里处有一个古驿站、渡口，江面宽，水深潮急，风浪大，过往旅客常常翻船落水，葬身江海。古人为了吉利，给这个渡口取名"万安渡"。

洛阳桥（郑朝阳摄影）

在蔡襄之前，就有人在这个渡口尝试建桥。北宋庆历年间（1041—1048），泉州人李宠首先在江中架设临时木头浮桥，但终因经不起风浪的冲击而垮塌。皇祐五年(1053)卢锡和王实等人发起修建石桥,花费了不少人力、物力和财力,但建了三年只建起两岸浅水滩头的几个桥墩,就停工了,一是因为靠江心水深流急,投下的桥墩基石总是被大水冲走;二是因为筹集的钱花光了。

嘉祐三年(1058)月,蔡襄再知泉州,他就大力支持王实、卢锡等人建造洛阳桥的义举。当时建桥的资金都是民间募捐的,政府是不拨款的。蔡襄带头捐出自家埭田一百六十石(他家仅有埭田二百石,一石为五亩),对募集建桥资金起了很大的推动作用。由于知府蔡襄带头捐资,泉州的富家百姓无不踊跃捐款,解决了资金短缺的难题。另一方面,他认真总结以往建桥失败的经验教训,深入实地考察、研究,在集思广益的基础上,采用"筏型基础""养蛎固基""浮运架梁"等办法解决了工程的难题,促使工程顺利地进展。所谓"筏型基础",就是沿桥基的直线,在江心深水处抛石数十万立方,在江底筑起一条水下长堤,作大桥的基址。在此基础上建造形似小船的桥墩,以减小江流潮水的冲击力度,被认为是桥梁建筑史上的重大突破。蔡襄采用种海蛎以固桥基的办法,被认为是世界上生物学运用于建筑史上的先例。铺在桥面上石板,每条重至十多吨,怎么架到桥墩上去?蔡襄提出用"浮运架梁",把石板用船装运到两个桥墩之间,借助海水涨潮时浮力将其架上桥墩。这是我国建桥史上一大发明。

嘉祐四年(1059)十二月,洛阳桥竣工,蔡襄为之举行落成典礼。嘉祐五年(1060)十月,蔡襄书大楷《万安渡石桥记》并勒碑纪念。从此天堑变通途。碑文曰:

> 泉州万安渡石桥,始造于皇祐五年四月庚寅,以嘉祐四年十二月辛未讫功。累趾于渊,酾水为四十七道,梁空以行,其长三千六百尺,广丈有五尺,翼以扶栏,如其长之数而两之。靡金钱一千四百万,求诸施者。渡实支海,去舟而徒,易危而安,民莫不利。职其事卢锡、王实、许忠、浮图义波、宗善等十有五人,既成,

太守莆阳蔡襄为之合乐宴饮而落之。明年秋，蒙召还京，道由是出，因纪所作，勒于岸左。

此碑文章精炼，书法遒美，刻功精致，世称"三绝"。

洛阳桥建造时运用"筏型基础""养蛎固基""浮运架梁"等代表中国当时最先进的造桥技艺，此后建成的安平桥、顺济桥、宁海桥等大型桥梁大多使用这些技术并有所创新。洛阳桥以其巨大的工程体量、精湛的营建技艺和超群的艺术价值在中国桥梁史乃至世界桥梁史上占据重要地位，素有"海内第一桥"之誉，与赵州桥、广济桥、卢沟桥并称"中国四大古桥"，为全国重点文物保护单位。

参考文献

蔡金发编著：《蔡襄经邦济众的一代贤臣》，福建人民出版社 2017 年版。

蔡庆发：《蔡襄评传》，中国文联出版社 2001 年版。

（五）钱四娘首筑木兰陂

钱四娘（1049—1067），长乐人，从小就很有爱心。四娘的父亲曾在广东做过地方官，致仕后举家迁回长乐居住。钱四娘返乡途经莆田，目睹莆田人民遭受水患之苦，又听自唐代以来，莆田人民就迫切希望在木兰溪筑陂兴修水利，便萌发牵头筑陂的念头。[①]

宋治平元年（1064），年仅十六岁的钱四娘，毅然倾其家产，携金前来莆田，用十万缗（一缗合一两银子）在木兰溪将军岩前垒石筑陂。钱四娘的义举，使人们深受感动和鼓舞，纷纷从远近赶来投入建陂工程。传说，四娘每天给大家发放工钱，用竹篓盛钱，按每天十八文让每人自取。"抓也十八，捧也十八"，谁也不多取一枚。对此郭沫若赞曰："双手捧钱仍十八，四娘惠德感人深。拼将

钱四娘塑像（郑朝阳摄影）

一死酬劳役,日月长悬照此心。"经过三年辛苦劳动,木兰陂终于建成,但由于选址不当,陂刚建成就被山洪冲垮了。四娘眼看心血付诸东流,悲愤交加,纵身跳进滚滚洪流,年仅十九岁,真是"沧海未销钱女恨"。她为莆田人民献出美丽的青春和生命。

四娘的尸体被洪水冲至渠桥乡沟口村,被群众捞起,葬在距沟口村三里路的山丘上。百姓感念她,纷纷前来祭吊,恸哭之声震天动地,祭奠焚香,香闻数里,历七日夜不绝。此山因此得名为香山,百姓又在墓旁立祠,名香山宫,以纪念巾帼治水英雄。

钱四娘的义举感人至深,明代陈茂烈有诗云:"莫怪藏珠肯剖身,古来好施几多人?黄金浮世轻如羽,青史垂名胜似珍。天上银河分一派,莆中粒食共千春。庙门斜向东流水,烟火茫茫遍海滨。"当代郭沫若诗云:"清清溪水木兰陂,千载流传颂美诗。公而忘私谁创始,至今人道是钱妃"。

注释

①钱四娘捐金筑陂事,多处可见记载。莆人刘克庄撰《协应钱夫人庙记》云:"钱女捐金五缗,在将军滩前筑陂。"宋代郑樵《重修木兰陂记》:"作为木兰之役者,有长乐郡之三人焉。始则钱氏之女用十万缗,既成而防决;次则林氏之叟,复以十万缗未就而功隳。"本书采用《重修木兰陂记》的记载。

参考文献

莆田市方志委编:《莆田市志》,方志出版社2001年版。

郑国贤、吴天鹤编著:《景观文物》,福建人民出版社2003年版。

杨云编:《郭沫若闽游诗集》,福建人民出版社1979年版。

（六）家贫子读书

南宋绍兴八年（1138），黄公度在礼部会试中，经、论、策（考试中文章的三种体裁）答得相当出色，高宗钦点进士第一（状元），陈俊卿又夺得进士第二，称榜眼（也称亚魁）世称"魁亚占双标"。这榜中，考中进士的莆田人共十四个，其中，林邓时年七十三岁，被称为榜尊，龚茂良年仅十八岁，人称榜幼。

传说，发榜后，御赐新进士琼林宴，皇帝亲临祝贺，皇帝对一邑独占魁亚感到奇异，便随口问状元和榜眼："卿土何奇？"黄公度答："子鱼紫菜荔枝蛎房。"（《莆阳清籁》载对"披锦黄雀美，通印子鱼肥"。）黄公度从兴化特产上回答，揭示兴化的资源奇特。陈俊卿的回答虽不那么具体，却更深一个层次，他说："地瘦栽松柏，家贫子读书。"高宗听了，连连点头，大加称赞，说："公度不如卿！""家贫子读书"是兴化地区文化特点。兴化士子虽出身寒贫，但能奋发读书，刻苦拼搏，终于逆境成才，就像植根于贫瘠土地上的松柏，经得起风雨，耐得住寒冷，故此能常年长青。

参考文献

中共莆田县委宣传部编：《莆田史话》，福建人民出版社2000年版。

金文亨：《兴化进士》，厦门大学出版社2001年版。

郑元昼主编：《九鲤湖百梦》，政协仙游县委员会文史委员会1993年印行。

蔡庆发、王宝仁编著：《文化概谈》，福建人民出版社2003年版。

（七）榜幼龚茂良

　　龚茂良（1121—1178），字实之，莆田县华亭人，宋绍兴八年（1138）进士，初授南安县主簿①，累迁参知政事。

　　龚茂良及第后，初授南安县主簿，政绩颇佳，很快被提升为邵武军司法。不久，又升任泉州观察推官。以清廉勤勉受人称道。后来，他调进京城临安，升宣教郎②，同知枢密院事黄祖舜荐其才，召到京都考试馆职，授任秘书省正字，累迁吏部郎官，接着调任监察御史，右正言。茂良因连劾内臣曾觌、龙大渊，被罢官，"家居待罪"。乾道元年（1165），孝宗调龚茂良任建宁府。

　　乾道二年（1166），曾觌、龙大渊被贬官，朝廷起用茂良为广东提刑③，任广州知州。在广州任上，政绩显著，改任江西转运司判官兼隆兴府知府。当时江西连年大旱，他令所属郡县免除积欠的税赋，发放仓米救济灾民。遇灾后瘟疫，命医治疗，全活数百万人，当地百姓非常感谢这位父母官，朝廷也赏其救荒之功，进升待制敷文阁。乾道六年（1170）五月，龚茂良奉命入朝召对。奏说："池塘边舞弄武器的强盗，就是田里扛耒翻土的农民。现今各郡荒芜的田地特别多，希望下诏书命令监司、守臣逐条陈述上奏，招募人就便申请耕种，百姓有了余粮，虽然驱赶他做强盗，也不会服从了。"孝宗皇帝接受龚茂良这一正确建议。命令各地帅臣措置屯田，这样既安置了流民、灾民，又发展了生产，安定了社会。遂于淳熙元年（1174）十一月，授任礼部侍郎。

　　皇上急于任用龚茂良，手令询问本朝有无由属官直接授任执政的先例。次日就任命龚茂良为参知政事。奏事时赐给座位。

茂良一上任，即奏请修吏部《七司法》，把用人之权统归朝廷，实行"量人才以录用"的任人唯贤政策。

时淮南大旱，茂良奏取封桩库的米④十四万石救济灾民，以稳定边防。有人提出异议，认为救荒应动用常平仓之粮⑤，不宜取用封桩库米。茂良以为淮南不远就是敌占区，人民很久没有恢复生计，饥寒交迫下万一聚众闹事，祸患危害立刻见到，不应该计较这个库米。后来，皇上的谕旨嘉奖说："淮南旱灾饥荒，百姓没有饥饿的面色，是贤卿的功劳啊！"

潮州太守上奏通判违法，得到圣旨，下令宣抚使亲自查访。该通判是龚茂良的乡里人。同官秘密用中书省的官吏交付大理寺审查，想要波及茂良。奏事退下后，同官留下，拿出判罪案卷进呈皇上，茂良却不知道的。皇上高声说："参政肯定没有这事！"茂良退让拜谢，不再辩解。

叶衡罢职后，皇上命令龚茂良以首席参知政事的身份行使宰相的职事。

宋淳熙二年(1175)十二月，朝廷举行太上皇宋高宗七十庆寿礼，例有恩泽，故中外臣僚觊恩求赏。茂良感慨地叹息说："这时应当挺身任人怨恨，不敢为爱惜自身而败坏天下。如果从最低级以上的官阶广施恩赏，不知道每月添加的俸禄，与来年郊祭恩赏奏请补官的会有多少人，将怎么供给呢？"作为当家者，担心因大量赏官示恩，徒增官俸开支造成本已拮据的财政供给困难。为此，说服孝宗严加控制各种恩例。

宋淳熙三年(1176)六月，孝宗诏求贤士，茂良向皇帝推荐朱熹，但孝宗听信谗言，并不召用。九月，龚茂良查处淮东总领钱良臣贪污大案。钱良臣自盗大军钱粮数十万，茂良查清事实，奏请严惩，可是因曾觊庇护，不但未惩，反而被召进京，加以重用。

宋淳熙四年(1177)正月，从四明(今宁波)召来史浩。茂良也觉得皇上的爱重已经衰落，托词有疾病，极力请求离职。皇上说："我是因为经筵召来史浩的，贤卿不须疑心。"

　　曾觌想用文官的资格给他的孙子俸禄,茂良以其违背"文武官员各随本色(本职业)荫补"法则上缴任命的文书。曾觌大为不满,伺机挑起事端。一日,茂良进入议事堂通道间,曾觌公然唆使值省官贾光祖等人占用通道不避让。值日巡街官叱责他们,贾光祖说:"参知政事还能做几时!"茂良当即面奏孝宗,曰:"臣固不足道,所惜者朝廷大体面。"孝宗亦觉得曾觌闹得太不像话,便令其向茂良道歉。茂良一脸严肃说:"参知政事,乃是朝廷的参知政事嘛!"曾觌惭愧退去。皇上晓示茂良先派人对曾觌降职而后再施行罚罪。茂良把贾光祖一班人送交临安府(今杭州)鞭打。皇上下手令责问施行太急,命令缴还手令,致使茂良既结怨于曾觌,又得罪了皇帝。

　　谢廓然是进士出身,得殿中侍御史,依附曾觌。此任命,直接由孝宗下令。时任中舍人林光朝上奏缴还任命,文书诏令,于是被调往外地。茂良极力请求离职,皇上告谕他说:"我最了解您,不敢忘记,想保全您离去,等候朝廷谋议恢复国土时,您应当再回来。"当天授予郡府的职务,命令他到内殿参事。茂良就手书疏章陈述恢复国土的六件事。皇上说:"您五年来不说恢复国土,为什么今天提到这件事?"退朝后很生气,说:"福建仔如此不可信!"谢廓然趁机弹劾茂良,于是被免职放逐。不久又论劾茂良专权不公、矫传圣旨立断贾光祖等人的罪,于是责罚降级安置英州(今广东英德),父子都死于贬官居所。

　　曾觌与谢廓然死后,茂良家人投状申冤,于是追复通奉大夫的官阶。周必大独任宰相时,进呈奏章提请恢复茂良原有职位,皇上说:"茂良本来就没有罪。"于是追复资政殿学士⑥,谥号"庄敏"。

　　茂良一生主抗金、劾奸倭、赈灾民,与蔡襄、陈俊卿、林光朝等被称为宋代莆田四贤,邑人立"四贤祠"祀之。

注释

①主簿：掌文书簿籍之事。

②宣教郎：宋代文散官名称，正七品下。

③提刑：官名。宋提点刑狱公事的简称。掌所属各州的司法刑狱和监察，兼管农桑等事。宋以后，提刑使、按察使及提刑按察使的简称。

④封桩库的米：国家储备用于非正常需要的粮米。

⑤常平仓之粮：地方设立用于调节粮价、备荒赈恤的专用粮仓。

⑥资政殿学士：宋学士职名，出入侍从，以备顾问，无官守，无职掌，而资望极高。

参考文献

莆田市方志委编：《莆田市志》，方志出版社2001年版。

阮其山编著：《二十四史莆仙人物传》，中国文史出版社2013年版。

阮其山：《莆阳名人传》，福建文艺出版社2013年版。

徐连达主编：《中国历代官制大词典》，广东教育出版社2022年版。

附录　榜尊林邓

　　林邓，莆田人，自幼聪明好学，每次考期一到，他就满怀希望，前往应试，结果都名落孙山。可是林邓不沮丧，不灰心，不服老，更加发奋努力，仍然苦读、深研。他拼搏一生，直至七十三岁时，才高宗绍兴八年，荣登进士榜，圆了毕生的梦想。被誉为"榜尊"。授广东东莞县尉①。

参考文献

金文亨、金立敏：《莆田史话》，厦门大学出版社2005年版。

徐连达主编：《中国历代官制大词典》，广东教育出版社2022年版。

（八）宋代史学大家郑樵

郑樵（1104—1162），是我国大史学家。兴化县广业里下溪（今莆田市涵江区新县镇霞溪村）人。宋崇宁三年（1104）出生在书香门第，其先祖为"南湖三先生"之一的郑庄。祖父是进士，父亲贡生出身，为太学生。

由于家庭环境熏陶，郑樵从小就对六经、诸子百家之学感兴趣，立志要读尽古今书和精通百家学。因家贫无钱购书续读，他经常和从兄郑厚一起裹被负粮到处求借书读。十六岁时，父亲从京师太学回故里时，不幸病亡在姑苏（今苏州）途中，他冒着酷暑徒步千里到姑苏扶父枢归葬家乡越王山。郑樵谢绝人事，在越王山下搭茅屋，与弟弟一边守墓，一边读书。三年守孝期满，他隐居于庄边瓢湖村南峰书堂潜心攻读。二十岁时，郑樵与从兄郑厚一起把书房搬到乡林寺攻读。为了解草木虫鱼的情性，他经常与郑厚深入山间田野，拜田夫野老为师，向有实际知识的人学习。

在刻苦追求学问的同时，郑樵也很关心国家、民族的命运。

北宋靖康元年（1126），金兵大举进犯，朝廷抵抗不力，国家危在旦夕，汴京（今开封）指日将破，国难当头，郑樵和郑厚接连两次联名投书枢密院金事宇文虚中，要求抗金报国，他们不远千里，徒步到河南汴京、山东青州拜访宇文虚中，由于宇文虚中被弹劾去职，得不到引荐，报国的愿望末能实现。

靖康二年（1127），金兵攻陷汴京，掳去徽、钦二帝，新立的宋高宗仓皇南逃，郑樵与郑厚再次联名投书尚书省给事中江常，献抗敌之策，要求到抗金战场报效国家，但依然不得起用。

郑樵塑像（郑朝阳摄影）

南宋建炎二年(1128)郑樵因见仕途黑暗，不愿走科举入仕道路，欲以布衣之身继司马迁著述《史记》之后著一部集天下书为一书之《通史》，以此作为平生读书之志，以偿涓流益沧海、纤尘补嵩华之报国心愿。为了得到撰《通史》所需的各种学问，郑樵再次裹被负粮到闽东南各地求借书读。他遇有藏书之家，不问主人容许与否，必请求借读，读不完便请求借宿，直至读尽所有书，方才辞去。

南宋建炎三年(1129)，莆田有个以藏书闻名的进士方略，家里积书多至一千二百笥，他的书楼，叫"万卷楼"，传说郑樵到"万卷楼"借书，三天之内读完楼中所有藏书(其实好多书他早已读过)，阅后还对藏书家说："不但所藏的图籍已全部翻阅，发现书中有错误的地方，我还用指甲划痕做记号"。这便是流传至今的"壶公山下千钟粟，延寿桥头万卷书"的佳话。莆田方渐，有"富文楼"藏书数千卷，郑樵也常向他借读。此外，他还步行上千里到闽南临漳(今漳浦县)向藏书两万余卷的天下第一藏书家吴与(字可权)求借书读。

南宋绍兴元年(1131)，郑樵经过三年的努力，就读遍东南各地藏书。当时有人称赞他说："唯有莆阳郑夹漈，读尽天下八分书。"

据宋湖民先生《郑樵史实考》，夹漈先生读过莆田县的藏书有：方氏望湖楼的藏书、浮屠慧远的藏书、李氏陈氏的藏书、林霆家的藏书、方略万卷楼的藏书、谢洪经史阁的藏书、方于宝三馀斋的藏书、方渐富文阁的藏书、方万一经堂的藏书、李氏藏六堂的藏书、方崧卿家的藏书。郑樵在阅读文献的同时，还进行实地考察，修正了许多谬误，为他后来的著作奠定了基础。

当时，郑樵虽然还是个普通百姓，可是他的名声为天下人知道。丞相李定忠、越忠简、张忠献、参政刘忠肃，都是振兴国家的贤臣，有的还不相识就降低身份来求友，每次听到郑樵写作一书完成，就来抄去。公卿士大夫，或州里、乡里的绅士，都是以老师来尊敬他。永嘉(今浙江温州)人邱铎宁愿辞去两位大臣的优位之荐，甘愿到兴化跟郑樵学习，后来转到莆田，三次当莆田县令，都是因为郑樵有学问的缘故。给事徐林凭贬谪外放的身份寓居在莆田,每次和郑樵谈话,总是把郑樵话记录起来。守军主帅和部里使者到了福建,一定要查问郑樵的住处。

郑樵回乡林寺后,在寺旁筑修史堂,作为今后长年修史著书之地,并把学问分为经旨之学、礼乐之学、天文地理之学、虫鱼草木之学、方书之学、讨论之学、图谱之学、亡学之学,然后依类著述新书。准备用作品向朝廷展示自己的学问,以此来求得朝廷支持撰《通史》。

南宋绍兴十四年(1144),秦桧上疏请禁野史(民间修史),以儿子秦熺监领国史。

南宋绍兴十八年(1148),秦熺为博取荐才美名,以郑樵学术高明荐其为右迪功郎①(相当今天的副科长),郑樵见此职无助于自己修史著述而不愿接受。

南宋绍兴十九年(1149),郑樵徒步两千余里到临安(今杭州),向高宗献所著书一百四十卷,以期得皇帝准许续著。由于秦桧见到郑樵不附己,而且郑樵曾被秦桧政敌赵鼎、张浚等人器重过,所以他暗中作梗,使郑樵在临安苦苦等待了近一年时间,依然见不到皇帝,也得不到朝廷准许他续著的公文。绍兴十九年冬,高宗下诏将郑樵所献之书藏于秘府。郑樵只好含愤回乡林草堂。

绍兴十九年十二月十日,朝廷再次严禁私史,许人告发。

绍兴二十年(1150),乡林草堂被禁。郑樵把书房搬迁到远离人烟的夹漈山主峰东侧边、离山顶不出百丈的一峡谷,自筑三间夹漈草堂隐居,改《通史》为《通志》,开始著述。

草堂生活很艰苦,郑樵自述山上的生活说:"念臣困苦之极,而寸阴未尝虚度。风晨雪夜,执笔不休,厨无烟火,而诵声不绝。积日积月,一箦不亏。"

又《夹漈草堂》诗云:"堂后拖柴堂上烧,柴门终日似无聊;蓼虫不解知辛苦,松鹤何能慰寂寥。述作还惊心力尽,吟哦早觉鬓毛凋。布衣蔬食随天性,休讶巢由不见尧""堂后青松百尺长,堂前流水日汤汤；西窗尽是农岐域，北牖无非花葛乡。罢去精神浑冉冉，看来几案尚穰穰；不知此物何时了，待看清流自在狂"。

绍兴二十三年（1153）五月，朱熹带着一身道谦禅气南下去同安赴任。这次赴任使他生平第一次有机会寻访闽中大儒，进行学问思想的交流。宋代以来，闽地名儒迭出，建宁、南剑、福州、莆田、泉州都成了儒风大盛、人才荟萃之地，朱熹赴任行经特地选择由建溪南下经建宁、南剑，东沿闽江至福州，再南下经莆中、泉州到同安，一路访学问道，在道盘桓了两个月。在兴化，朱熹又拜访了名震莆中的硕儒。据苏州大学束景南副教授分析，有可能这次他也拜访了郑樵③。传说他路过莆中时，在囊山寺留宿，此寺为古驿道宿站。寺内老僧得知投宿的朝官是新任泉州同安主簿朱熹，便急率众僧出寺相迎。朱熹随老僧入寺，在方丈室喝了杯茶后，遂到大雄宝殿进香。进香已毕，老僧见朱熹言行举止不凡，便请他为囊山寺题诗。朱熹欣然挥笔写下：

> 晓发渔溪驿，暮宿囊山寺。
> 云海近苍茫，溪山拥清翠。
> 行役倦修程，投闲聊一憩。
> 不学塔中仙，前途定何事？

老僧请朱熹复入方丈室。朱熹求问老僧"学生今有一事，欲求指点。"老僧道："公请言之。"朱熹道："学生久闻迪功郎夹漈先生大名，常恨未能拜会。今日路过兴化，却不知此去夹漈山之道路。近闻莆阳次云、艾轩二名儒得道匪浅，可惜不知二先生居处，因而想问明此去三先生仙居之路，以便学生登门拜访。"

"公如此渴访名贤，实为可敬！"老僧称颂罢，说："近闻夹漈先生搬书房至夹漈草堂，而草堂离此约有百里崎岖小道，公欲往，明日顺萩芦溪山道直上可达碧溪夹漈山下；次云先生隐居于延寿溪畔，离此五十余里；艾轩先生还在黄石谷城山松隐岩授学传道，离此约七十里路。"朱熹见说,心中大喜,当下拜谢老僧指点。次日早晨,朱熹带书童拜辞了老僧,沿着萩芦溪山道行走,因初次去夹漈山,路途生疏,且一路崎岖,故朱熹未到夹漈山下便已天黑,只得在夹漈山下客栈住了一晚,第二天一早就在迷雾中继续徒步上山。

郑樵见朱熹登山而来,非常高兴,便热情请入草堂。朱熹见郑樵孤身居草堂奋笔,十分感动。朱熹取所带书稿,请郑樵审阅修改,郑樵毫不推辞,就在堂中焚香一炷,以为尊敬。不数刻,审阅完书稿,见朱熹论述经旨独到之处,大加赞赏,并提出了自己的一些见解。时近黄昏,朱熹欲告辞,郑樵挽留,以便饭及"四白"菜相待,这"四白"菜为白生姜、白豆腐、白小蒜、白萝卜外加一碟食盐。郑樵对朱熹说:"愧无以待。"朱熹答:"山珍海味,礼至重矣。"当晚,朱熹求郑樵讲诗传之学,郑樵为其细心讲释要旨,朱熹竟听之入神,至窗外天亮,二人方知已是彻夜长谈了。朱熹不忍心多误郑樵执笔,乃坚辞下山。临别时,朱熹特地写了一副对联:"云礽会梧竹,山斗盛文章。"赞颂郑樵的文章为世人所崇仰。郑樵以《诗传》稿十余卷相赠,两人相约来年正月一同前往临安献各自撰写的《四书注》一书。郑樵送行至草堂门前山岗路上。朱熹向郑樵鞠躬而去,行至山弯,朱熹随行书童埋怨道:"主公来草堂,夹漈先生仅以淡饭素菜相待,可谓意薄,主公如何说是山珍海味,礼至重耶?"朱熹答:"汝有所不知矣!这姜乃山中珍物,盐为海中美味,先生以此两物款待,能不是山珍海味,先生认真审我书稿,又细心讲释,且赠我书稿,能不谓情意至重?"。书童听了仍默默不语,朱熹知其意,乃略停脚步,说:"先生厚礼,还在山岗以目远送。"书童不信,自返身探个虚实,果见山岗上郑樵仍鹤立目送。书童大惊,急转身回去。朱熹问:"汝还不信乎?"书童这才信服。

绍兴二十七年(1157),因侍讲王纶、贺允中的荐举,高宗下旨召见郑樵。郑樵于次年到临安,上书奏帝说:"我生活在山村之中已有二十余年,探讨古今典籍,整理成书,分为十类:一曰小学类,二曰经旨类,三曰礼类,四曰乐类,五曰校雠类,六曰谱系类,七曰天文类,八曰地理类,九曰名物类,十曰方书类,共成五十种,都已经成书了。其他未成书的,臣选取历代史籍资料,从三皇开始,至五代为止,统编为一书,叫做《通志》,参考司马迁《史记》的体例,却跟司马迁的写法不同。我小心地选取重点阅览的二十篇,命名为《修史大纲》,并且已经编成书,其余的还无法办到。现在有一篇目录,名叫《夹漈书目》。"皇上十分称赞也接受了;皇帝还问他说:"《资治通鉴》详本太繁,节本又太简,怎么能使他繁简适中,便于阅读呢?"皇帝又问:"司马迁的《史记》总编为一书,精华在《十表》,学者为什么不知用心去研究呢?"郑樵奏道:"学者把《通鉴》和六经合为一体,老师及老资格的儒生无法论清它们的得失;班固修的《汉书》距离司马迁修的《史记》的时间不远,已不太清楚《十表》的精华所在,后学的人进步太慢,怎能知道得那么彻底呢?任凭上天赐给的智慧,也不会从知识的迁移而收到成效。"于是就列举班固以来断代的历史为例,那些议论都已失去班彪、司马迁原来写作的意义,又失去孔子增删《春秋》因果关系的道理。皇上说:"听到你的名字很久了,你探究古代的典籍,自成一家之说,真懊悔见到你为时太晚了!"当时召对的时间已经过了三班,漏刻已过了十几刻了,郑樵请求告退。皇上说:"看到你的议论深远,自然忘记了疲倦。"郑樵竭力请求返回家乡,说"我有麋鹿的性情,终身热爱山林。"皇帝说:"应该等待我把这事处理好。"授郑樵右迪功郎的官,主管尚书礼、兵部架阁文字。所著的史书,由朝廷供给纸笔,让他写好了投呈给朝廷。但被御史叶义问弹劾,改监潭州南岳庙,郑樵一怒之下辞去官职,回到家乡。

绍兴三十一年(1161),《通志》书成,郑樵到临安献书。适金兵南下,兵临长江采石,高宗亲自赶到建康(今南京)前线,戒严,未得见,当时汤思退任留守,奏请授枢密院编修②官,兼检详诸房文字。因请修《金正隆官制》,比照中国的格式,奏请许其到三馆借书,以期趁机读尽平生尚未读尽的天下两分书。

绍兴三十二年(1162)二月底,因郑樵的学术批判和科学见解为三馆士大夫所嫉恨,他们不愿看见《通志》刊印流传,更不愿看到朝中三馆藏书被郑樵悉数读尽,于是联名复以"秦桧余党"弹劾郑樵;郑樵很快被终止入三馆读书;三月初,郑樵因含冤莫白,当即一病不起,于当月初七高宗命进《通志》上殿之日,郁郁病逝于临安馆舍;临终前写下了自己一生屡遭黑暗势力压迫有志难就而愤怒不已的《涤愫》诗十首。三月十日,郑樵的灵柩由其年仅八岁的儿子郑翁归等人护送运归故里安葬,《通志》书稿被朝廷的秘阁搁置了一百三十多年才得以刊印流传。

郑樵,一个布衣学者、山林穷儒,于高山虚谷之中,经过三十多年的艰辛劳作,一共写成下八十种、六百六十九卷史学巨著,又有四百五十九篇的其他文卷,这在中国历史上,是前无古人的。可惜的是,其传世的只有《通志》二百卷,《夹漈遗稿》三卷,《尔雅注》三卷,《诗辨妄》六卷。

夹漈草堂(郑朝阳摄影)

郑樵不应科举考试,毕生从事学术研究,在经学、礼乐之学、语言学、自然科学、文献学、史学等方面都取得重要成就,尤其《通志》的"二十略",涉及诸多知识领域,堪称世界上最早的百科全书,受到历代史学家的高度赞扬。明代黄仲昭说他"博学无前";清代章学诚说:"若郑氏《通志》,卓识名理,独见别裁,古人不能任其先声,后代不能出其规范。虽事实无殊旧录,而辨名正物,诸子之意寓于史载,终为不朽之业矣。"梁启超曾高度评价郑樵对史学的贡献:"宋郑樵生左(左丘明)、司(司马迁)千岁之后,奋高掌,迈远跖,以作《通志》,可谓豪杰之士也……史界之有樵,若光芒竞天一彗星焉。"《通志》对宋以后的中国史学产生重大的影响,是我国史学中遗产的瑰宝,是我国古代文化遗产中的一份珍品。

本文原刊于《福建文史》2022 年第 2 期

注释

①迪功郎:宋阶官名。相当于军巡判官、司理、司法、司户参军及县主簿、尉。

②枢密院编修:掌编修则例。宋初始置,无定员,随事设编修官。元丰后才定置编修官。

③朱熹造访有三种说法:一是"朱熹与郑樵在夹漈草堂长谈三天",二是苏州大学束景南教授分析朱熹可能拜访郑樵;三是"朱子过莆田时,年方二十八岁,少年气盛,见了先生的《诗传》《诗辨妄》,或者不以为然,因之不愿往见"。本书采用传说。

参考文献

(明)周华著,蔡金耀校勘,卢金城注译:《游洋志》,涵江福利印刷厂 2009 年印行。

莆田县方志委编:《莆田县志》,中华书局 1994 年版。

黄玉石:《郑樵传》,中国青年出版社 1989 年版。

莆田夹漈草堂郑樵纪念馆编:《郑樵史迹》,莆田夹漈草堂郑樵纪念馆 1996 年印行。

束景南:《朱子大传》,商务印书馆 2003 年版。

宋湖民:《南禅室集·郑樵史实考》,莆田市政协文史委 1999 年编印。

陈言:《史学大家郑樵》,莆田市政协学习宣传和文史资料委员会印行。

徐连达主编:《中国历代官制大词典》,广东教育出版社 2022 年版。

（九）守节不屈的宋宰相郑侨

郑侨（1132—1202），字惠叔，号回溪，兴化县福兴里浔阳（今仙游县象溪乡菜溪村）人。

乾道五年（1169），郑侨参加进士考试，有关部门向皇帝奏明郑侨的对策成绩第二名。孝宗皇帝亲自阅卷不同意有关部门的评议，提升为第一名（状元），授签书镇南军节度判官。

郑侨到任后，正值连年发生饥荒，郑侨协助郡守救荒，制定十几条救荒措施，及时救助灾民，取得明显成效，后被郡县推为荒政之成法。

不久，朝廷下诏书召回郑侨，由皇帝亲自问策，为校书郎①，向孝宗奏请免除江右（今江西）地区税外明会米十万斛。后转著作佐郎②，兼国史实录院③属官，吏部司封④，并奉命为皇太子讲《左氏春秋》。他用恳切的语言讲解君臣父子、君子与小人之间的大义关系。皇太子抱着敬仰的态度听他讲解。后来，因为要奉养母亲，请求外放，朝廷让他提举江南西路常平茶盐。郑侨一到任就革除弊政，弥补缺漏，重振朝廷法规，使地方的政治"不察而周，不严而肃"。

淳熙八年（1181），安徽、浙江等地发生灾荒。朝廷挑选常平官，孝宗认为淮东过去安顿宗室贵戚，多数时间没有安排好治政的人选，现在必须选择一位贤能去当主政。郑侨正丁忧在家，未结束丧期，朝廷就下了命令，让他去执行这项任务。郑侨除去丧服，回到朝廷奏事朝廷，首劝孝宗责躬求言，遂请求朝廷拨下赈济粮，得到四万石粮食用来弥补常平的缺乏。郑侨一到淮东境内，就宣示皇帝的意旨，让百姓都知道有四万石的粮食可以维持活命,放弃移家流离的想法。淮东盐税的收入原居全国第一,但岁久积弊,本钱益减,所负数十万缗,盐户重困。经郑侨一年努力治政,盐税增至三百九十余万缗,还疏浚漕运渠道五百余里。皇帝因为郑侨业绩明显,想召回京都当官。此时,郑侨丧妻,屡次请求去当祭祀、祠庙的官。于是朝廷派他去主持冲佑观。过不久,又派去提举广东茶政。又过不久,又召入京当礼部郎中,兼太子侍讲。

淳熙十四年(1187),任起居舍人,兼权给事中,他正直敢言,不避权贵。适婉容的父亲,不经铨试,单凭孝宗手诏要求迁官,郑侨认为不合规制,封还孝宗手诏,奏请孝宗不要批准。皇上把封还的诏书给婉容看,婉容很不高兴。皇上把奏疏撕碎,把诏命搁置下来。殿前指挥使郭棣殖货徇私,结党营私,郑侨上疏予以揭露。孝宗以之为忠义之臣,迁中书舍人。

淳熙十五年(1188),郑侨以贺正使出使金国贺年。到了金国,金主己卧病在床,他的下属封锁消息不向金主禀告。宣徽使传言金主感冒了,无法上朝,派人让郑侨从东边阁门领进书馆。十多名陪同郑侨的金国官员催促他进入东阁门。此时,郑侨手持国书屹立不动,从容曰:"东上阁门,乃金朝臣僚进表章之地,某等恭持宋朝皇帝国书而来,若由此递进,后日回去复命,失职之罪,贵国的首领是无法保护的。倒不如死守此地,以保全职分。"金邦知郑侨不可屈服,即暗告金主病笃之情。郑侨守志益坚,曰:"愿抱国书回馆,以所见期。"自朝至于日中,坚守于阁门前,声色愈厉。久之,宣徽使复来云:"使人且归馆。"至暮,复遣吏恫吓胁迫郑侨曰:"国书不进,何以得归?"郑侨大义凛然答曰:"若固强我,微躯且不足顾,何归之云!"直至日将暗,金国政府传下命令,让使者回国。郑侨等回到中山(今天江苏溧水县东南中山),听到金邦国君逝世的消息。回到边境,光宗己接受帝位。郑侨在返京路上接到授官给事中的任命。入朝见皇帝,光宗皇帝对郑侨说:"卿守节不屈,举措得宜,朕甚嘉焉!"命郑侨兼侍讲,修撰《实录》。他坚持民族气节不辱使命,受到全国上下的赞扬。

郑侨在中书门下省就职时,对封、驳之事正直无私。无法办的事,虽然是小事,他也不会搁置一边。姜特立依靠皇帝的宠爱,滥用权力,谋取私利。皇帝罢了他的官,又让他当内宫总管。郑侨上奏章揭露他作恶的事实,朝廷内外拍手称快。郑侨被提拔,兼权吏部尚书。光宗说:"您在宫中看守门户,持论公正无私,我没有不听您的。您负责考核选拔各部门的人才,事情繁杂又急迫,特别想得到恰当的人选。现在我也是这样对待您。"进兼侍读。侨每以畏天、进德、孝敬、问学、亲君子、远小人、修政、重令、爱民、节用、广开言路、谨惜名器这些内容进谏,多为光宗所采纳。

原先,郑侨请求改官外任,光帝不准。过了半年,郑侨再次向皇帝表达恳切的要求。皇帝感到郑侨的请求是坦诚的,就授显谟阁学士,让他当建宁府知府。平时处事及时,没有延误,改官福州知府。他免去义仓和籴的需求,减少古田过重的赋税。才过半年,改授郑侨当建康(南京)知府。到了建康,旱灾发生很久了,当年没有好收成。郑侨就执行朝廷救济灾荒的法令,还增加适当的条款。免除赋税,招募商人,使私人的公家的粮仓都充盈起来,让大多数人活下去。郑侨晋升为龙图阁大学士。

宋绍熙五年(1194)六月,宋宁宗(赵扩)即位。时郑侨仍知建康,以吏部尚书急召入朝。郑侨到京朝见,宋宁宗恨来之晚,急命兼侍读之职,又加官实录院修撰。郑侨在讲读经传之余,常从容议论国事,对皇帝多方开导启迪,规正君王。宋宁宗拜郑侨同知枢密院事。过了一年,又加官为副宰相。郑侨身在"二府",用不欺瞒的态度奉侍国君,用无私的态度议论朝政,不施恩惠给别人,求得别人好感,不追求名誉,不拉帮结派,不以自己的好恶为好恶,用洁身自爱、心平气和的态度辅助皇帝,实行身体力行沉静无为的政治。

不久,以疾病为由要求退休,皇帝退回奏章,不接受郑侨的请求,口谕再三挽留。又过了一年,升知枢密事。选将练兵,讨论军政大事,谨防边备,操执纪纲法度,以抑侥幸。他再次要求辞职。宁宗亲自在奏章的末尾批语:"(郑侨)忠诚厚道,是我所倚重的臣子。屡次请求退休赋闲,特别违背我器重的善意。"过了三个月,郑侨再次呈上奏章请求退休,朝廷又授他为资政殿大学士,当福州知府。郑侨辞行时,宁宗仍表示将再召用之意。郑侨忠君效国之志依然,提请宁宗"平国论而无偏听(平心听取各方治国论),严边防而无轻信。"意及朝政之弊,极具针对性,后移知建康府,辞不就,以原官提举洞霄宫,告假还乡。嘉泰元年,郑侨又三次上奏章告老,以观文殿学士的资格退休。第二年逝世,享年七十一岁。赠封太师,邠国公,谥忠惠。

郑侨孝顺父母,友爱兄弟,感情十分诚恳真挚。作风庄重端正,生活简朴淡泊,没有其他嗜好。三个朝代受人知遇,忠诚老实被人称赞,名誉、大节完满,大受世人推崇敬重。有《奏议遗文》五十卷。《宋史》未为郑侨立传,有失公正。

注释

①郑侨何年授校书郎,各处记载不同。《游洋志》记载:"乾道五年(1169),召还赐对,为校书郎。"《兴化府志》《莆田市志》记载:"乾道八年(1172),召对,擢校书郎。"《中国状元大典》记载其:"乾道五年状元,授节度判官,不久,以《春秋》侍讲东宫。"本书采用《中国状元大典》的记载,此说比较接近《游洋志》。

②著作佐郎:史官名。

③国史实录院:官修史书的机构。初掌修国史、实录与日历,后专掌修国史。

④司封:吏部下属机构,掌官吏的封爵。

参考文献

(明)周华著,蔡金耀校勘,卢金城注译:《游洋志》,涵江福利印刷厂2009年印行。(莆)新出(2009)内书第09号。

(明)周瑛、黄仲昭:《重刊兴化府志》,福建人民出版社 2007 年版。

莆田市方志委编:《莆田市志》,方志出版社 2001 年版。

阮其山:《莆阳名人传》,福建文艺出版社 2013 年版。

徐连达主编:《中国历代官制大词典》,广东教育出版社 2022 年版。

（十）执法如山的彭韶

彭韶（1430—1495），字凤仪，号从吾，明宣德五年（1430），生于莆田涵口（今渠桥乡港利村）。他于明代宗景泰七年（1456），参加乡试，考中举人。明英宗天顺元年（1457），进京参加会试，中进士。授刑部山西司主事（正六品），开始从事司法工作。任职三年，后因母丧归莆守制。

成化元年（1465），彭韶起复，改任刑部广东司主事，不久提升员外郎（从五品）。成化二年（1466），寿宁侯的哥哥张岐以佥都御史入院，彭韶秉公仗义，向皇帝说，寿宁侯之兄张岐，按人品才能都不能调入，不能超级升为佥都御史，还提出重新使用原尚书李秉、侍郎叶盛的建议，结果违反皇帝旨意，得罪皇帝，彭韶被捕入狱。由于给事中毛宏等上疏谏言"韶持论虽过，心实怀忠"，宪宗不从，而以罚款赎罪，得以复职。不久，进升本司郎中，随后被派到广东。

成化五年（1469）锦衣卫指挥周彧，是皇太后的弟弟。上奏请求把武强、武邑（今河北正定）的良田，未达到征收田赋定额的，没收作为闲弃田地。朝廷命令彭韶偕同御史季琮复核勘察。彭韶等人周详视察后直接回来，上疏自我弹劾说："真正（今河北正定）的田地，自从祖宗时准许百姓开垦耕种就成为家产，免除租赋来劝导出力务农。若计量田亩而夺余地，则民非死即徙耳！民为国本，食为民之天，食足则民安，民安则国安，岂可以民田给贵戚而重伤国本耶？臣实未按亩丈量，请求甘愿承担奉命差使而无功状的罪责。"奏疏送入朝廷，诏令将民田归还百姓，却责罪彭韶等人沽名抗命，再次被下诏狱。谏官纷纷上章论救才得释。

成化六年(1470),彭韶升任四川按察副使。安岳(今属四川)扈氏烧死灭绝刘某家二十一人,定远(今四川武胜)曹氏杀害哥哥一家十二人,有关部门作为疑案很久不能判决。彭韶一经审讯获得实情,全部服罪。成化十一年(1475)他升任四川按察使。

明宪宗成化十四年(1478)春,彭韶升任广东左布政使①。废除民间用"公堂钱"买吏职的积弊,选拔有能力的人充任。太监梁芳之弟梁海为采办贡品,勒索官民,他上疏劾之。离职之日,广州父老涕泣相送,有人追送至数百里外。

成化二十年(1484),韶以都察院副都御史②身份巡抚江南。因简明廉洁,吏不敢犯。同年召为大理寺卿③。成化二十一年(1485),因疏论各省镇守、内外官员贡献非宜。宪宗不悦,遂改任右副都御史,巡抚顺天、永平二府,整顿蓟北军务。

弘治元年(1488),孝宗即位,召为吏部右侍郎。治办两浙久已失控的盐法。次年转左侍郎。弘治五年(1492),升任刑部尚书,侍经筵。都御史秦纮揭发安远侯柳景在两广总督任内贪赃银八千两。他逮捕柳景法办,奏除其爵。赃款才追回八百两,不及赃数十分之一。孝宗下诏免余欠。他不肯奉诏,坚持追赃,孝宗不悦。他议论时政,不避权贵,为近臣内侍所嫉。

弘治六年(1493),因病请求致仕,连上三疏,得允。弘治八年(1495)卒,终年六十五岁,赠太子少保,谥惠安。

彭韶是明代著名的朝卿。他在仕途以司法为主,执法公严,为民请命,有"彭青天"之号。

注释

①左布政使:明代省级行政长官。清时仅为督抚的僚属,专管一省的民政和财政。

②都察院副都御史:都察院明清中央监察机构。长官为左右都御史,下设副都御史、佥都御史。《明史·职官志二》:"职专纠劾百司,辩明冤枉,提督各

道,为天子耳目风纪之司",巡按州县,考察官吏。清代改左都御史、左副都御史为长官,右都御史及右副都御史专为总督、巡抚的兼衔,裁撤佥都御史。

③大理寺卿:掌司法审判的最高长官。

参考文献

阮其山编著:《二十四史莆仙人物传》,中国文史出版社2013年版。

莆田县方志委编:《莆田县志》,中华书局1994年版。

莆田市方志委编:《莆田市志》,方志出版社2001年版。

徐连达主编:《中国历代官制大词典》,广东教育出版社2022年版。

（十一）一心为民的太守岳正

岳正（1420—1474），顺天府漷县（今北京市通县）人。

明英宗正统十三年（1448）会试，同考官起初并未取岳正试卷，是侍讲杜宁审阅了岳正的试卷后说"此我辈人也"，遂入选，为会试第一名，会元。延试赐一甲第三，探花，授翰林院编修。

景泰中，任右春坊右赞善[①]。英宗复辟（1457），改修撰。阁臣徐有贞、李贤先后下狱，皇帝起用吕原入阁参政。不久，薛瑄又致仕，内阁缺员，吏部尚书王翱推荐岳正。六月，英宗召见岳正于文华殿。岳正身材魁梧，美髯飘飘，英宗远远望见连声称"好"。问岳正年龄多大，岳正答曰"四十"。英宗说"正好"。又问"何处人"？岳正答曰"漷县"。英宗十分高兴地说"又是我北方人"。又问岳正"何年举进士"？岳正答"正统十三年"。英宗更加高兴，说"朕今用你为内阁，好为朕办事。许彬老矣，不足恃也。"岳正忙叩首受命而出。行至左顺门，正遇石亨、张軏。二人愕然，问岳正："何以至此？"岳正不敢言明。二人急忙来到皇上面前，皇上满脸喜色地向他们夸耀说："今日朕自己选择了一个阁老，甚是优秀。"石亨、张軏知是岳正，便表面奉承庆贺一番。皇帝又说，岳正的官职太小，应当升为吏部左侍郎兼翰林学士。石、张二人马上说："陛下既然得人，何不看他是否称职再升不迟。"英宗默然。遂命岳正以原官入阁。

岳正生性豪放，敢于仗义执言，不避权贵。见皇上重用，更是感激不已，一心效力。时石亨、曹吉祥擅权，他对英宗说："今曹吉祥、石亨的权势过重，应该早早加以节制。"请求以计策离间二人。英宗说：

"你可以朕意告之。"石、曹二人因此怨恨他,到处散布流言,说岳正为了标榜自己,以忠直屡次毁谤大臣。英宗见石、曹二人势力强盛,只得罢去岳正的相职,贬为钦州同知。

在赴钦州途中,他因顺路去家乡探望了老母十余天,陈汝言就上奏说,他在贬降外任途中擅自耽搁,以前还强占过土地等罪行。岳正遂又被逮捕下狱,杖责一百后流放肃州。

石亨、曹吉祥先后被杀后,岳正才得以放归故里为民。

宪宗即位,恢复岳正的名誉,官复内侍书之职,参与纂修英宗实录。后因妒忌他的人,伪造了岳正弹劾李贤的奏章,引起李贤的反感。成化元年(1465)四月,岳正被外任为兴化知府。

岳正自成化元年(1465)来莆任职至成化三年(1467)离任,在短短的三年任期之内,做了很多有益之事。

岳正抵达兴化,办的第一件事就是努力解决地方财政亏空。他身体力行,努力节支,缩减公私浮费,多方筹措资金。他把境内淫祠中的铜钟、磬及用银制作的冠、炉、花瓶等收回作为郡财,用以兴办郡事。这些行动使那些权势人物和以此牟利者十分嫉恨。

他到任后,看到兴化溪多、沟多,百姓生产、生活诸多不便,非常重视修桥、筑路。他先后建、修了九座桥。岳正所建的桥有:岳公桥(新溪)、兼济桥。他所重建的桥有:涵口桥(新度)、后陈桥(新度)、芦浦西桥(城郊)、铁沙港桥(城郊)、通津桥(新度)、猴溪桥(华亭)。他重修的桥有江口桥,为福兴泉官道要冲,历史上屡修屡坏。明英宗天顺二年(1458),江口桥又断塌,福清、莆田二县互相推诿,致使桥南北交通中断两年,往来靠渡船。以后,虽修了桥,也只以木头横架了事。岳正到任后,详细调查了解原委,果断地决定重修。在他的主持下,于成化二年迅速修复该桥,使福、兴、泉南北交通畅通。岳正还亲撰《重修江口桥记》立碑记述此事。后人说他是"三年知府九座桥"。

岳正也非常重视兴修水利,发展农业生产。成化二年,他带领百姓在兴化平原南洋开沟引水。在他引导下,百姓自塘东(今城厢区城南乡溪船头村)凿沟,直趋涵口(今新度镇港利村),引来溪水,灌溉大片农田。岳正有首《凿新沟呈彭从吾》诗,云:"凿了一田灌万田,顽民寸土不轻捐。盍思兰水开沟日,计亩何人舍万千!"经过短短数年努力,兴化府预备仓积谷达数万石,荒灾有备。

　　成化三年(1467),岳正经过调查,听取当地士民意见要求,主持并率领百姓,疏浚城中壕道,开挖兼济河,修兼济桥,筑上中下三堰,中潴水为湖。湖成,荷花盛发,岳太守邀宾朋泛舟其中,喜曰:"此莆邦小西湖也。"尝自赋诗云:"性癖耽山水,莆阳不负吾。林峦青欲滴,城郭隐如无。天险关形胜,坤灵效画图。全功些子欠,我设小西湖。"乃自书"小西湖"三大字,前诗刻置湖上。相传在刻石的时候,一位士子林炤看了叫石工把原稿第三句"林峦青似滴"的"似"字留下不要刻。岳正看到"似"字未刻,问之其故,亲自向林炤请教,林炤说:"似字和对句的'如'字'合掌'(意义相同),请易为'欲'字。"岳正大加称赏说:"改的对,改得好,可算卑职一字之师。"还赏他数两银子。以一位堂堂的太守之尊,能如此虚心接受一个士子给他指出的错误,在当时,无疑是难能可贵的。从此,小西湖成为莆田城中一处胜景。因湖址在城内,拆迁许多祠庙,故凿湖得罪豪绅,有人就以岳正破坏莆田风水为名,上控到京。

　　岳正为了防止吏员乘机中饱,一切经费开支,都由自己亲自经手,有人怀疑出入有私,这也使许多有切身利益关系的人更借机大肆诬蔑。

　　在兴化,岳正也非常关心兴化教育事业,主持重建涵江书院,创办黄石水南书院,支持各地书院和社学发展,大力培养人才。

　　岳正在兴化任职期间,虽然做了许多好事,但也得罪了一些地方豪绅,他们编织许多流言蜚语中伤他。幸得在京当官的邑人彭韶(刑部尚书)极力替他辩解,结果还是落个"免职候勘"的处理。成化三年(1467),岳正离任入京,成化五年(1469)致仕,回归乡里。"身后家计萧然,濒于贫困"。成化十年(1474),岳正病逝于家,终年五十四岁。嘉靖中,追赠太常寺卿,谥文肃。

岳正被流放戍所时,英宗常思念起他,曾说:"岳正倒好,只是大胆。"岳正闻言,作《自赞小像》,其中有:"岳正倒好,只是大胆,惟帝念哉,必当有感,如或赦汝,再敢不敢。"

岳正一生无书不读,曾说"天下事无不可为",他以清高自许,俯视一世。其诗文高简峻拔,直追古人。字法精邃,大书尤伟,旁及雕绘镌刻,皆至臻其妙。常戏画葡萄,逐称绝品。著有《类博稿》十卷。

岳正为官清廉,是个为民办实事、办好事的好知府。郡人为纪念他的功德,立祠于小西湖,上悬"名德殊勋"匾额以为纪念。岳正在城南开的一条沟,人们把沟上的桥尊称为"岳公桥"。

本文原刊于《福建文史》2022 年第 1 期

注释

①右赞善:东宫官。唐太子官有左右春坊,各置赞善大夫,其职对太子辅赞讽议,使有善德。

参考文献

王鸿鹏、王凯贤、张荫堂编著:《中国历代探花》,解放军出版社 2004 年版。

金文亨、金立敏:《人物春秋》,厦门大学出版社 1999 年版。

中共莆田县委宣传部编:《莆田诗咏》,福建人民出版社 2000 年版。

林祖泉、康永福:《壶山采璞》,海风出版社 2001 年版。

(明)周瑛、黄仲昭:《重刊兴化府志·道路志》,福建人民出版社 2007 年版。

徐连达主编:《中国历代官制大词典》,广东教育出版社 2022 年版。

莆田县科普创作协会编:《壶兰科苑 岳正与小西湖》,莆田县印刷厂 1981 年印行。

附录 《小西湖》注释与评析

小西湖

岳正

性癖耽山水,莆阳不负吾。

林峦青欲滴,城郭隐如无。

天险关形胜,坤灵效画图。

全功些子欠,我设小西湖。

性癖:生性爱好。

耽:沉溺,入迷。

莆阳:莆田、仙游的雅称。

首联的意思是:"我"一向喜欢游山玩水,而山川秀美的莆田没有使"我"失望。

颔联简洁地描绘了小西湖一带旖旎秀丽的风光:湖畔的山峦上林木郁郁葱葱,青翠欲滴,湖边的垂柳依依,花卉扶疏;在葱郁的花木的掩映下,城邑若隐若现,恍若仙境。

小西湖(郑朝阳摄影)

坤：八卦之一，代表地。颈联说明小巧玲珑的小西湖是一处天造地设的自然景观。

全功：完美无缺的业绩。些子：一点点。设：创设。作者在尾联谦虚而实事求是地说：我做不了所谓十全十美、功德圆满的"全功"，只能建设了力所能及的小西湖。

（十二）经济名臣郑纪

郑纪（1438—1513），出生于仙游县度尾镇埔尾村。其先祖为"南湖三先生"之一的郑淑。

传说郑纪少时，寄居凤山九座寺读书，寺僧对寄身寺庙学习的郑纪冷眼相待，诬陷郑纪偷宰放生鸡。郑纪无奈之下与寺僧在佛前求佛卜证清白，可卜证结果正是他偷鸡，弄得他有口难辩，怒气冲天。他离开九座寺时发誓将来出仕定要"拆了九座寺，盖了孔子学"！

天顺四年（1460），郑纪登进士第。授翰林庶吉士[①]，改任翰林院检讨[②]。成化元年（1465），宪宗登极郑纪上《太平十策》，劝宪宗"远奸邪，任忠良，恤民命，兴礼教"，但不被采纳。适逢父丧，返乡守制。服满后无意为官，隐居故里二十二年。隐居期间，他在家乡兴学劝耕，植树造桥，倡建鹿鸣、步云、登瀛、朝天、卧龙、青龙等六座桥，造福乡里。鼓励以工代赈，帮助百姓度过灾荒；倡导勤学勤俭，反对荒嬉游惰，促进社会风气好转。在家期间还著《新里甲日录序》文，针对县官课征无则，任意敛财，助其建立定规，对革除里役积弊，减轻民众负担起积极作用。

弘治元年（1488），孝宗即位，郑纪奉旨复出，入侍经筵。适逢礼部会试，受命为同考官，有位同考官授意郑纪共同偏袒国戚子弟，遭到郑纪的严词拒绝，以正考风。接着孝宗授他为浙江按察副使，他一上任就摧毁淫祠，严禁浮奢，大兴学校，劝导农桑，奖优拔滞，杜绝请谒，扭转社会的不正之风。他还疏劝孝宗"御经筵，近儒臣，论圣学，以正心为要"，言甚切要，有旨嘉纳。召为国子祭酒。司礼监陈宽想拉拢他，被拒绝。学馆里膳费千余两，典簿按照旧规将余银送给郑纪，也被拒绝。同事们为此怀恨，背地里诬陷他，郑纪无意为官，再三请求退职，孝宗知其为人，让他改任南京左通政③。时值山东饥荒，为救灾民，郑纪不顾个人安危，果断地先将运往京城而泊浅在山东的粮谷，先发放给灾民，后才上奏皇帝，并筹款籴还国库。他奏请抄没太监罗兑家中大量不义之财，用以赈济灾民。还提出备荒的六条措施，意见多被采纳。弘治七年（1494），升南京太常卿。武宗在东宫行冠礼，郑纪采古今帝王嘉言善行凡百条，各绘图作赞，名曰"圣功图表"，启以进，且言皇太子当近正人，闻正言，不可与儇薄内侍游。上优答之。

不久，迁任南京户部侍郎。时仙游县因瘟疫、虎灾和军役为患，人口锐减，仅剩一千四百户，当局仍按明初户数计征赋税，百姓苦不堪言。郑纪回乡目睹惨状，致书福建布政使司参政④庞泮反映仙游军户情况，要求按现有户籍更改名册，征收赋税，意见得到采纳，并上疏朝廷，获准免除仙游军户的苛法，减免钱粮，让人民休养生息。郑纪关心仙游百姓疾苦的事迹，至今仍然被人们传为佳话，民间谚语赞曰："莆田出官出到死（意谓很多），不如仙游出郑纪！"意思是说莆田尽管出了很多官，但不如仙游出了一个关心民众疾苦的郑纪。此外，他改进朝廷征收税赋办法，如改征粮为征币，加强对税赋的管理，既努力为朝廷聚赋敛财，又减轻人民负担。郑纪忠于职守，但也触犯同僚官宦的利益，受到攻击和诽谤，他于正德初年（1506）再次引退回乡。朝廷赠予户部尚书、大司徒的职衔。

郑纪归隐家乡后，先后十九次上奏章，为朝廷出谋献策；他还力倡修葺仙游县城墙，以加固城防。闲时吟诗作文，著有《东园文集》《东园吟稿》《归田录》《义聚家范》《增修乡约》等书。其中《东园文集》被收入《四库全书》。后世名人对郑纪的赞誉、题赠很多，有"一品尚书""三朝元老"等题匾。正德三年（1508年），郑纪病终故里，享年七十五岁。后人称其为明朝经济名臣。

注释

①翰林庶吉士：翰林院庶吉士，选进士优于文学善于书法者为之，以学士、侍郎等官充教习，督其课业。三年后经过考试，分发任用。根据成绩分别等第，二甲授以编修，三甲授以检讨，其余则为给事中、御史或出为州县官。

②翰林院检讨：史官名，掌修史之责；北宋掌检查讨时政得失；金太常寺属官，职掌检讨典礼；翰林院官，任纂修文史之责。

③左通政：明清时为通政使司副长官。佐主官掌司事。

④布政使司参政：明朝布政使司置左右参政，辅佐布政使办理地方政务，分守各道，及派管粮储、屯田、清军、驿传、水利、抚民等事。据何乔远《闽书》卷四十七《文莅志》，庞泮，浙江天台人，于弘治十一年（1498）任福建布政司右参政，尊称"大参"，分守漳、泉、兴、福四郡。

参考文献

莆田市方志委编：《莆田市志》，方志出版社2001年版。

陈德铸：《仙游与九仙漫话》，作家出版社2008年版。

阮其山：《莆阳名人传》，海峡文艺出版社2013年版。

徐连达主编：《中国历代官制大词典》，广东教育出版社2022年版。

(十三)"三一教主"林兆恩

林兆恩,字懋勋,号龙江,道号子谷子。世称"三教先生"。

林兆恩,明正德十二年(1517),生于莆田城厢赤柱巷一户官宦人家。祖父中过进士,官至兵部右侍郎、都察院右佥御史,总制两广。父亲恩荫太学生。嘉靖十三年(1534),林兆恩十八岁,考中秀才。以后,他多次参加乡试,都名落孙山。他耳闻目睹了许多考场弊端,深感到仕途无可作为,毅然放弃科举入仕、求取功名的念头。他焚烧儒衣,从三十岁开始,一心研讨"心身性命之学"和儒道释三教合一思想。

嘉靖三十年(1551)林兆恩三十五岁,创立"三一教",及三教合一理论,并开始收徒讲学。此后,他到仙游、福州、武夷山、江西、浙江、江苏、北京各地,游览名山大川,结交名士,探讨学问,从事著述和讲学,传播他的学说,门徒成千上万。教人以"艮背法"祛病延年,颇受欢迎。用气功为抗倭寇戚继光治病,影响颇大。他对我国内功学说的继承和发展,做出显著成绩。

嘉靖三十四年(1555)十二月,倭寇进攻兴化府城,守军在严寒大雨中防守,非常艰苦,林兆恩组织人送米送粥送酒送钱,慰劳军队。次年(1556),地方发生疫病,死者甚众,林兆恩卖田买棺施舍。三十七年(1558)四月,倭寇又一次进攻兴化府城,城中守军不敢出击,林兆恩倡议募捐银两千两,雇请路过莆田驻在城中的广东兵出城击退倭寇,城内百姓才免遭杀掠。嘉靖四十年(1561),倭寇再至,乡民入城避难,林兆恩备药物钱米周济他们。翌年,倭寇攻陷兴化府城,大肆杀掠,瘟疫流行,林兆恩发动弟子收埋尸体两千多具,火化尸体五千多具,收埋遗骨一百多担。

万历十八年(1590)和二十二年(1594),县境先后两次饥荒,林兆恩募捐银两万余两、谷数百石赈济灾民。

万历二十六年(1598),病逝,终年八十二岁。当时,前往吊唁者达万余人。家人及门徒将其遗体葬于华亭镇后角村。林兆恩逝世后,人们将东岩山报恩寺前他讲学的"东山樵舍"改为"崇孔祠",以示对他的尊崇。后来国内外三一教祠日益增多,"崇孔祠"逐称为"麟山祖祠"。林兆恩爱国爱民的行为,得到广大民众的赞扬。

参考文献

莆田县方志委编:《莆田县志》,中华书局1994年版。

金文亨、金立敏:《人物春秋》,厦门大学出版社1999年版。

刘德城、周美颖主编:《福建名人词典》,福建人民出版社1995年版。

（十四）明兵部左侍郎郑岳

郑岳(1468—1539)，字汝华，号山斋，莆田新度蒲坂村人。为莆田儒宗郑露后人。七岁丧父，靠母、兄抚养长大。年二十六，登进士第，授户部主事[①]（正六品），改任刑部主事。锦衣卫千户张福与董天锡一同判决囚犯，张福恃势越坐，居朝官董天锡之上。郑岳不满其恃权显威，奏论其非礼，词涉朝中贵戚，触怒孝宗，诏下锦衣卫狱。兵部尚书周经、侍郎许进等人营救，孝宗不听，最后依例用钱赎杖复职。

不久，升刑部员外郎。时边事孔棘，侍郎许进奉命前往大同督师。权贵近臣厌恶他刚严正直，谋议取代他。曾被免职的总兵官赵眑图谋再次起用。当时京军屡次出击不获战功，又议再遣出战。郑岳进言说："许进不可替代，赵眑不可起用，京军不可出击。"朝中舆论认为他说的是。后来被派到湖广，任按察金事（正五品）。当地宗藩依势侵夺民田，累奏不决，郑岳查明真相，不畏权势，将皇族侵占的土地判归百姓。施

画像是清代南湖郑氏族谱中的郑岳

（郑朝阳摄自蒲坂里社）

州卫(今湖北恩施)夷民相互仇杀,有关部门报告认为是叛乱。郑岳惩办了为首者,其余全部释放遣返,平了民愤,稳定了局势,维护了民族团结。荆、岳两地(今属湖北荆州、湖南岳阳)饥荒。郑岳劝说富裕民户平价出售粮食,放宽河泊运销粮食的禁令。所属县邑输送粮食到边远的卫所,大致二石才能得到一石。郑岳按一石价值付给卫所,而留下粮食备用赈灾,饥民于是获得救济。南京十三道御史联名推荐郑岳,盛赞郑岳的政绩。

明正德元年(1506),郑岳擢任广西兵备副使②。他率兵平定黑松洞土官叛乱,土官③岑猛当徙福建,据田州不肯徙,岳为奏改就近自效,稳定了局势,连受朝廷褒赐。不久,调任广东副使(正四品)。郑岳明断积案,"滞狱为空,治称第一"。因政绩显著,升任江西按察使(正三品)。就地升左布政使。

当时,野心勃勃的宗藩宁王朱宸濠勾结刘瑾,阴谋造反,夺中央政府的权,依仗权势,"横夺民田亿万计",横行南昌。民众建营寨自我保卫。朱宸濠想要发兵剿灭他们,郑岳坚持不可以。恰逢提学副使④李梦阳与巡按御史江万实互相告发,郑岳奉命按察。李梦阳拘捕郑岳的亲信官吏,说郑岳儿子郑沄受贿,想以此要胁郑岳。朱宸濠就帮助李梦阳上奏这事,囚禁拷掠郑沄。巡抚任汉有顾虑不能决断,皇帝派遣大理寺卿燕忠会同给事中黎奭审问。燕忠等人回奏郑岳儿子有谋私的事迹,而李梦阳挟制抚、按,都应斥逐。郑岳被革职为民。朱宸濠失败,朝中朝外交相举荐郑岳,起用为四川布政使,因服母丧不赴任。

明世宗初年,郑岳被提拔为右副都御史、巡抚江西,"民争拥道聚观,额手相庆"。到江西后,郑岳很好地处理了平定朱宸濠叛乱的善后事宜。刚两个月,召回任大理寺卿。

明嘉靖元年(1522)正月,甘肃总兵李隆以权谋私,因巡抚许铭处事持正,使他不能获利而怀恨,遂唆使部卒火烧公署,打死许铭并焚尸,又迫使监守太监董文忠诬告许铭削减军粮而激发事变,以期减罪。郑岳奉命前往甘肃,会同镇抚审讯,查明案情,李隆亦供认不讳。遂复奏朝廷,请以主谋杀人罪处李隆斩首,同案犯亦以不同情节处死或流放;镇守太监董文忠临事不能化解,反助恶诬告,宜予免职,严正处置了这一恶性案件。回朝廷后,因灾害异常上疏陈述刑罚有失公平的八件事。

明嘉靖元年(1522)冬,郑岳针对内监干法、执法不公问题,上疏说:"宫内宦官有犯法,应听从刑部、都察院过问处理,不能听从宫中裁决。"皇帝不听从。

明嘉靖三年(1524),郑岳升任兵部右侍郎,时山西大同驻军兵变,赦而复叛,郑岳奉命前往山西处理兵变,他主张由管军官各报其首恶姓名而诛之,事可立定,于是密令总兵桂勇处斩首恶数人,事变终于平息,稳定了边境局势。

当时明武宗游江南掉进运河溺死,武宗无子,经过争论,立旁系堂兄弟朱厚熜为皇帝,即嘉靖皇帝。接着发生了长达数年的"大礼之争"。郑岳站在反对派首辅杨廷和一边,因此"忤旨",被停发俸禄两个月。

蒙塾,是郑岳手书石碑(郑朝阳摄自蒲坂郑氏宗祠)

郑岳转任兵部左侍郎,提请免除山海关的关税,朝廷不准许。宫中宦官崔文想要让自家兄长的儿子为副将,郑岳坚持不允。宁夏总兵官仲勋到京城行贿,御史聂豹因传闻论劾郑岳,郑岳自我辩白,于是请求退休,回乡十五年后才去世,享年七十二岁。

郑岳是明代莆阳名卿。他居官刚正有直节,处事有方,尤其敢于进言指陈朝政而遭受诬陷。郑岳居乡十五年,"有利于乡族者,概不惜费",为了家乡办了许多好事,如修渠造桥等,同时他把主要精力用于收集整理资料,汇集莆阳先辈遗文及其事迹,编成《莆阳文献》含诗文十三卷,人物列传七十五卷,传主二百四十六人,被誉为"一郡大观,千年胜事",成为莆阳文史领域的重要典籍。

注释

①户部主事:户部的底层办事官吏。

②兵备副使:明代于各省重要地方设整饬兵备之道员,简称兵备道,文官协理总兵军务。出任兵备道者大多为副使、参政等官。

③土官:古代称少数民族的首领为土官。

④提学:宋掌一路州、县学政的学官,管理所属州、县学校和教育行政,简称"提学"。每年巡视地方,考查师生勤惰优劣。历代沿置。

参考文献

阮其山编著:《二十四史莆仙人物传》,中国文史出版社2013年版。

阮其山:《莆阳名人传》,福建文艺出版社2013年版。

(明)何乔远编撰:《闽书·第四册》,福建人民出版社1995年版。

徐连达主编:《中国历代官制大词典》,广东教育出版社2022年版。

（十五）清威略将军吴英

吴英(1637—1712)，泉州府晋江县人①。少习戎行，原从王姓。任同安镇时，请复本姓。四川提督②任内，题请奉旨入籍兴化府莆田县。

吴英祖居泉州黄陵，迁徒于晋江浯塘，因滨海遭乱，移居水头、安平、白沙等地，1152年，移居厦门谋生。

康熙二年(1663)七月，二十六岁的吴英随厦门的郑军将领郑鸣骏等万余人赴泉州降清，授守备剳③。随从提督王进功攻打郑锦，攻克铜山(今福建东山)，加都司金书④。不久授任浙江提标都司⑤。

康熙十三年(1674)，耿精忠叛反，他的部将曾养性侵犯浙江，总兵祖弘勋在温州叛变接应他，分犯宁波、绍兴。吴英随从提督塞白理打败他们，升任左营游击⑥。十四年(1675)，曾养性、祖弘勋率领部众十多万人进犯台州(今属浙江)。吴英献策，表面修建毛坪山路，暗地带领军队由小道从仙居(今属浙江台州)袭击贼军的背后，斩杀敌将刘邦仁等人，收复黄岩，升任中军参将。十五年(1676)，官兵围温州，日久不下。十月，曾养性率兵数万乘着夜色前来烧营。吴英令诸军弃营据险，军以不乱。吴英分出兵力五百人埋伏在贼军背后，自己率领精兵据大羊山，阻其要道。是夜杀至三更，英身中四枪，幸不透甲，士不伤者才五十人。延至天明，吴英单骑率兵，破开木马继续前进，伏兵并起，斩敌无算；曾养性仅以身免，脱走入城。吴英追至温州城下，所乘之马，为大炮打断后腿，夺敌马以归。十五年(1676)十月，吴英补提标中军参将。又领兵攻破石门敌营，收复象山。十六年

(1677)七月,获补处州副将。到任后,剿平景宁等县山寇。此时,耿精忠己降,其将冯公辅犹踞松阳,吴英入山招降。其党林惟仁等屯处州,吴英剿抚兼用,斩杀贼军五百多,招降惟仁及兵千余人,浙江山寇悉平。耿精忠虽降,而郑经仍占据闽南一带。十七年(1678)五月,吴英受命同提督石调声统兵入闽援剿。其时刘国轩率兵围困泉州,烧断洛阳桥,以阻援兵。吴英献策分兵二路自仙游出永春到南安会合,自领先锋由惠安正路攻洛阳桥。郑军闻讯,连夜逃遁,泉州之围遂解。寻为先锋,赴援漳州。十八年(1679)四月,刘国轩复引兵万余列阵江东欧溪头。吴英率本标兵击走之。十二月,擢同安总兵官。十九年(1680)二月,水师提督万正色进军海坛,吴英受命由同安港进兵,连取丙洲、浔尾二寨,分兵径渡,取高崎,克服厦门。郑经势穷,遁回台湾。吴英奏请复姓吴。二十一年(1682)十月,吴英奉调任兴化总兵[7]。

二十二年(1683),提督施琅受命专征台湾,请吴英统师为副。吴英与施琅在铜山率众当天立誓:"不挟报私仇,不杀降,不抢掠。"六月十四日,兵发铜山,取八罩,直抵澎湖。前军蓝理被围,英单船拔出之。二十二日,施琅率水师发起总攻,海坛镇林贤中伤,平阳镇朱天贵中炮死。吴英右耳亦中创,忍痛奋力攻烧。吴英所乘船搁浅礁上,敌船火烈将及;吴英以众军在船,义不独存,再三不肯下船躲避,危急之际,船忽浮起,士气益厉,大获全胜。郑氏归顺,施琅班师,吴英在台镇守,挫败郑氏残余不轨图谋。凯旋后,于二十四年(1685)三月十日入京陛见,奏陈"减船"与"屯田"二事。奉温旨褒嘉,赐鞍马衣袍。四月初一,移镇浙江舟山。二十五年(1686)十月二十一日,擢四川提督,镇蜀十一年,破吴三桂余党杨善、帅九经等,散其众。三十五年(1696),奉调福建陆路提督,后改水师提督。四十二年(1703),康熙阅视河工,吴英在杭州行宫接驾。康熙亲书"作万人敌"匾额以赐。四十四年(1705)、四十六年(1707),康熙两度南巡,吴英两赴江南接驾随扈,以年老乞休。康熙再三慰留,赐御书匾联,复加授"威略将军"。

　　吴英为清廷著名战将。在平定耿精忠叛乱中屡立战功,后随施琅渡海收复台湾,对中国的统一做出重大贡献。他提议的屯田政策,对台湾的开发发展有深远的战略意义。于乡里,吴英"敦族睦邻,置义田,赈凶岁",重修熙宁、宁海二桥,颇受里人称道。著有《行间纪遇》四卷。

注释

　　①吴英祖籍,各处说法不同。《二十四史莆仙人物传》载:"吴英,字为高。福建莆田人。幼年被海贼虏掠放置在海岛上,改姓王。"吴英《行间纪遇》:"吴英,泉州府晋江县人。少习戎行,原从王姓。任同安镇时,请复本姓,四川提督任内题请奉旨入籍兴化府莆田县。"本书采用先泉州人后入籍莆田的说法。

　　②提督:清代设提督军务总兵官,简称提督,从一品,为一省的高级武官,与督抚并称"封疆大史",但仍受总督节制。

　　③守备:明防守城堡的武官为守备。清绿营军官亦有此职,掌营务粮饷,充参、游中军官。

　　④都司佥书:都司,清代武官,位次于游击,正四品。其职掌与游击基本相同,有充各协(副将)中军的。佥书,为府州幕僚,掌佐治郡政,总管文牍之事。

　　⑤提标都司:清代提督所统绿营兵,称为提标。都司,清代武官,位次于游击,正四品。其职掌与游击基本相同,有充各协(副将)中军官的。

　　⑥游击:清分置于各省,位在参将之下,为从三品武官,简称游击。

　　⑦总兵:明清统兵武官。明制,总兵、副总兵,无品级无定员。清以总兵为绿营兵高级统将,正二品,分设于各省区,受提督和巡抚节制。

参考文献

(清)吴英撰,李祖基点校:《行间纪遇》,厦门大学出版社2016年版。

吴国荣主编:《威略将军吴英文化》,厦门大学出版社2015年版。

阮其山编著:《二十四史莆仙人物传》,中国文史出版社2013年版。

徐连达主编《中国历代官制大词典》,广东教育出版社2022年版。

（十六）为民申冤的彭鹏

彭鹏（1635—1704），字有斯，莆田黄石镇横塘村人。明崇祯八年（1635）生于莆田官宦人家。曾祖父进士出身，官至参政；祖父曾任知县。

清顺治十一年（1654），彭鹏应学使者试，考取第一名。十七年（1660）考中举人。历任知县、按察使、巡抚。

康熙十三年（1674），耿精忠据闽叛清，要彭鹏任伪职，他装疯托病，用锥刺破牙龈，谎称咯血，三年坚卧不下床，先后九次拒绝耿精忠的征召，以实际行动维护国家统一。耿精忠事变平定后，彭鹏去吏部等候选派官职。

康熙二十三年（1684），授官三河县（今属北京）知县。三河县地处要冲，旗人、汉民杂居，号称难治。彭鹏"拊循惩劝，不畏强御"，大力整顿社会秩序，减轻徭赋，革除陋规，整顿保甲制度，兴办教育，拘禁拷索车夫的旗人，惩处冒充皇族的游棍。有人半夜矫传密旨，彭鹏觉察有诈，一面同他对说，暗地叫人查看他们的行囊，果然是欺诈，立即逮捕法办。有御前放鹰人，到县勒索牲口使用，彭鹏令鞭打警告。

彭鹏任上秉公执法，为民辩诬申冤。有旗人诬控殴主。他亲自查明后，给七位被错判死罪的人平反。邻县有疑案，朝廷檄令彭鹏前往审讯，他秉公断案，使冤狱得到昭雪。县中有盗案发生，彭鹏常常骑马带刀，亲往查办。贪梦道人著《彭公案》小说，以彭鹏与满人朋春两位知县为原型。

二十七年（1688），康熙巡视京城地区，经由巡抚于成龙特荐，召见彭鹏，询问彭鹏任官及当年拒绝耿精忠伪命的情况，赐库银三百两，谕示说："知道你居官清正，不收受民众的钱。用这钱保养你的廉洁操守，胜过民间几万多钱啊！"他将康熙帝所奖部分银两，用于修建三河县学学宫之费，士民称"君以养廉，臣以建学。"不久，顺天府（治所今北京）府尹许三礼弹劾彭鹏隐瞒上报控告的案件。朝廷命令巡抚于成龙检察这案。于成龙回奏说："彭鹏因为审讯没有证据，正在侦缉凶犯，并非不报的。"吏部拟议革除官职，皇帝诏令降级留任。以后因缉捕强盗没有得手，连续被交议处，累积到降十三级，都从宽留任。

康熙二十九年（1690），下诏举荐廉洁贤能的官吏，各地举荐"廉能"官员四人，彭鹏被列为第一。次年，彭鹏被任命为工科给事中①。

康熙三十二年（1693）二月，关中大旱，蝗虫成灾，赤地千里。彭鹏一天中上三疏，参劾陕西、山西、河南三省长官不恤民艰、营私肥己的罪行，又上奏有关府、州、县官的劣迹。诏令三省巡抚审查，事情不全是真实。彭鹏按惯例应当受到谴责，皇上赦免他。

三十三年（1694），彭鹏疏劾顺天府乡试作弊，主考官因此被免去官职。三十四年（1695），顺天府学政、礼部侍郎李光地母亲去世，皇上命令他在任上服丧，彭鹏弹劾李光地贪恋官位，不申请守丧到终，应当解除官职，留在京城守丧。皇上听从他的意见。三十五年（1696），外放江南治理河道。

康熙三十六年（1697），朝廷召回彭鹏，授刑科给事中。三十七年（1698），出任贵州按察使。三十八年（1699），提拔为广西巡抚。在广西任上，他省刑罚、降赋税、减徭役、除污吏，积弊为之一清，人称德政。广西旧时提供鱼胶、铁片，并非本土物产，而要赴广东采买运送，彭鹏上疏请求废除它。广西旧时没有设立武科考试，彭鹏奏请增设。彭鹏主政广西一年多，政绩显明。康熙帝对新任广西巡抚肖永藻谕曰："彭鹏在广西居官甚好，尔可效彼所行。"

康熙三十九年（1700），调任广东巡抚，时淫雨为灾，他发仓赈民，全活甚众。广东前因借兵饷，改额赋征银为征米。彭鹏到任后，发现原先米价估值虚高，与时下计价相差七万三千多两。疏请仍实行征银购米原则，并乞免追缴往年欠银。诏许执行所请，减轻了全省的税负。康熙四十二年(1703)春，万寿节推广皇恩，彭鹏亲到狱中审察因犯，释放株连坐者三百人②，并禁收私派名目银数十万两。

彭鹏在粤三年多，呕心沥血，勤政为民，积劳成疾。康熙四十二年冬病重时，康熙帝特遣中书一员，驰驿往视。次年正月卒于任上，年六十九岁。皇上深切悼念惋惜，称赞他"实心任事，克尽勤劳。"赐予祭葬。不久，作为广东名臣奉祀。彭鹏病危之际，遗命将多年积俸二千两，全部捐献作治理小西湖经费。

彭鹏居官，以正直勒勉闻名。当给事中，直声震朝廷；当巡抚，减赋轻徭，处处为民着想，惩治贪官污吏，毫不留情，人称"彭鹏、郭琇，劾人无救。"

注释

①工科给事中：工科都给事中，官名。明清工科之主官。掌科事。

②彭鹏在广东"万寿节"释放株连坐罪之人，有一百零三人和三百人的两种记载。本书采用民国《莆田县志》(张琴编)和《莆田市志》释放三百人的说法。

参考文献

莆田市方志委编：《莆田市志》，方志出版社2001年版。

阮其山编著：《二十四史莆仙人物传》，中国文史出版社2013年版。

阮其山：《莆阳名人传》，福建文艺出版社2013年版。

金文亨、金立敏：《人物春秋》，厦门大学出版社1999年版。

徐连达主编：《中国历代官制大词典》，广东教育出版社2022年版。

（十七）清礼部右侍郎郭尚先

郭尚先（1785—1832），字元开，号兰石，莆田上郭村人，后移居城内书仓巷（今城厢区凤山街）。乾隆五十年（1785），出生儒学仕官之家。

嘉庆十二年（1807），郭尚先中福建乡试第一，十四年（1809），登进士第，入翰林院庶吉馆，习满文，时尚先只身在京，为大学士卢荫溥器重，常与同馆林则徐共聚卢家，与交谊甚笃。散馆时，授翰林院编修。郭尚先在翰林十二载，先后五次奉命出任乡试①考官。

嘉庆十八年（1813），充贵州乡试正考官。二十年（1815），充国史馆纂修②、文颖阁总纂③，修《治河方略》《大清一统志》等书。次年（1816），任云南正考官。二十四年（1819），赴广东任乡试官，礼部拟他任正职，不意，两年前方登进士第的河南人吴小潦，因以状元授翰林修撰，竟向礼部争当正考官。郭尚先豁然大度让之，而自居副考，为士论所称道。回京后继充《明鉴》纂修，文渊阁校理，派教习庶吉士。

嘉庆二十五年（1820），因父病故，丁忧归乡。时莆田因灾发生大饥荒，郭尚先以自己官俸布施，倡议府县劝导富户出粟，由官府设点减价平粜，仍还粟主本钱，民可得粟济饥，富户亦不赔本，因此，出粟者益众，饥民赖以全活。皆曰："郭太史救活吾侪！"服阙返京，复原官，仍教庶吉士。

道光六年（1826）五月，台湾嘉义、彰化因粤民黄文润失窃案引发民乱，数日间事态蔓延两邑。清廷令闽浙总督孙尔准赴厦门督办，准备渡海征剿。郭尚先认为民乱纯属土匪滋事引发,不足为患,何必劳师耗饷,两个月后民乱平息,人服郭尚先的见识。

道光八年(1828),出任四川学政④。时四川士不知学,考试作弊严重,科试多请枪手冒名替考,花样繁多,诡谋百出。郭尚先一到任就告示规约,违者重罚。在夔州(今四川奉节)、绥定(今四川达州)二地查出作弊人员,绳之以法。进而确定考生籍贯,理顺考序;查禁私立学户,严肃体制;废止"红包""门包"规礼,减轻学生负担;销毁坊刻《类典》、俚时文、纠正士子"巧读"歪风。经过一番整顿,考场风气为之一变,文风大振,蜀民咸颂德政。郭尚先两袖清风,入蜀时,只随身携带颜、褚字帖,出川时,也仅带《离堆记》等数本拓本,清廉可见一斑。

郭尚先为官忠勤,深得朝廷嘉许,道光十年(1830),任右赞善(从六品)之后的两年中连续七迁,累官至礼部右侍郎,为正二品。

道光十二年(1832)秋,尚先在山东主持乡试时中暑发病,仍抱病阅卷;随后在殿试和恩监试中,又抱病履职;还冒严寒到刑部会审重案。终至大病发作,医治无效,于当年除夕辞世,年仅四十八岁。

郭尚先工书法。其书本学欧阳询,兼学颜真卿、褚遂良。他还善绘画,精篆刻。其画除山水外,尤擅长兰石。

注释

①乡试:元、明、清三代在省城举行的科举考试,每三年考一次,中央派考试官主持。

②纂修:史官名。清国史馆或实录馆有纂修官,无定员,皆从翰林院编修、检讨中选用。

③总纂:史官名。清代凡开国史馆或实录馆时置总纂官十二人,其中满四、蒙二、汉六,皆从翰林院官中选用,以负修史著述的主要职责。

④学政:为清派往各省的教育行政长官。掌生员的教课、黜陟,并按期至所辖府、厅视察。

参考文献

莆田县方志委编:《莆田县志》,中华书局 1994 年版。

阮其山:《莆阳名人传》,福建文艺出版社 2013 年版。

徐连达主编:《中国历代官制大词典》,广东教育出版社 2022 年版

（十八）直声震天下的江春霖

江春霖(1855—1918)，莆田市涵江区萩芦镇梅洋村人。出生于书香门第，曾祖父江奋銮、祖父江文波都是县学生员，父亲江希濂在清同治四年(1865)中举人。

江春霖于光绪十七年(1891)中举人，光绪二十年(1894)，应会试，考试中外出便溺间，试卷被人恶意用指墨涂污，墨壶亦不翼而飞，于是急于修补污卷，终以末名险登进士，被授翰林院庶吉士、散馆检讨[①]。光绪二十六年(1900)因八国联军入侵北京，慈禧太后挟光绪西行，江春霖愤然返乡。光绪二十八年(1902)受召回朝，历任武英殿纂修、国史馆协修、国史馆协修撰文处行走。

江春霖塑像（郑朝阳摄影）

光绪三十年(1904),朝廷下令选御史,正是江春霖心仪之职。朝中权臣忌惮春霖入选,暗中嘱考试官默落之,春霖素以书法瘦硬著称,京师皆知,考试官尤易辩认。江春霖为防万一,试前数月就练习白折[②],用悬腕书字,尽改本来笔迹,使御史台在录用考试时无法辩别出他的字迹。发榜名列第一名,记名御史,权臣相顾失色。有人笑问春霖曰:"公为正人,亦为伪耶?"春霖笑曰:"吾欲达吾目的,不得不小施骗术。且字体虽变,字则吾所作也,何为之有!"

清光绪三十年(1904),江春霖补江南道监察御史,不久改任新疆道监察御史,继而历署辽沈、河南、四川诸监察御史。前后任御史职六年。

江春霖官居要职的六年中,正值清廷腐朽统治,卖官鬻爵,贪污贿赂成风,他洁身自守,连平时外官循俗例所馈冰炭别敬,悉谢绝之。他居住宣武城南,出入无车,每上奏章,半夜雇车入宿朝房,风雪无阻。邮传部尚书陈璧是福建人,因贪污官声不好,怕被江御史所揭发,就要为江春霖置妾,遭固辞。陈璧又赠以骡车,江亦不受,力以斥责。

在都察院任上,江春霖忠实履行监察御史职能,指佞触邪,纠弊绳违,参劾不避威权,论事无所回避。六年间,先后上疏六十八道,弹劾及亲贵、权臣、疆吏、军机大臣、尚书、侍郎、总督、巡抚直至御史台之职者有十五人。江春霖首先论劾本院长官,都御史陆宝忠触犯烟禁,吸食鸦片,不适宜任御史台台长。弹劾顶头上司,震惊朝野。光绪三十二年(1906)七月初八,《奏劾莆田田赋不均,请饬量为增减疏》,奏劾莆田县田赋不均,详报失实,提请敕令闽浙总督彻究参办,以戒将来,并对贫富赋负不均,量为增减。时逾一年多,田赋不均的问题仍未解决,粮差倚恃官势,浮收更甚。光绪三十三年(1907)九月初六,再次《奏请饬限期清理莆田田赋疏》,奏参莆田县官吏,玩视民瘼,违抗诏旨行为,谕饬闽浙总督,速将钱粮定价,据实复奏,出示勒碑,永禁加派。《奏请饬闽督丈勘闽省民房筑火墙以弭火患片》。福州南台下通巷附近一带地方,于本年七月三十夜火灾延烧店房近二千家,应请旨饬闽浙总督派员丈勘,嗣后如再起盖店房,务各宽留街道。每十家或二十家营一砖墙,以资备御。光绪三十三年(1907)九月初六,《奏请禁止山东典商违例取息疏》。山东因旱灾歉收,民不聊生。奸商乘机把持市面,与官吏勾结,以筹款为名,从中高息取利,民怨沸腾。江春霖悉知此情,于九月初六连夜上书,请求朝廷严令禁止高息,抑制任意盘剥,体恤民艰。并提出按旧规行事,减息一半,慈禧太后和光绪皇帝奏准。光绪三十三年(1907)十月二十八日,《拟苏杭甬铁路持平办法疏》。光绪三十三年(1907)苏州、杭州两地因修铁路向英国政府以借款控制铁路交通,事件闹大。江春霖奉命去平息此事。他经过充分调查后,提出按两国合约,还款付息,铁路经营权由中国自己控制,被朝廷采纳。光绪三十四年(1908)九月初九日,江春霖上《劾军机大臣袁世凯权势太重疏》,列举袁世凯十二条罪状——交通亲贵、把持台谏、引进私属、纠结疆臣、遥执兵柄、阴收士心、归过圣朝、潜市外国(指卖国外交)、僭滥军赏、破坏选法、骤贵骄子、远庇同宗。令权倾皇城的袁氏惊骇。一个月后,光绪帝病逝。宣统帝溥仪即位,年仅三岁,由父醇亲王载沣摄政监国,袁世凯被解除兵权。鉴于莆田田赋不均一案久拖不决,三年未得回复,江春霖认为朝廷若不将共同作弊之官吏参办,不足以儆刁玩而保孱(弱)良。遂于光绪三十四年(1908)十二月初三,三上奏章《奏参莆田县吏通同作弊田赋疏》,请求朝廷"综核名实,信赏心罚",对"通同作弊的官吏"要严加惩办,使生灵不受积弊之苦。宣统元年(1909)七月十三,江春霖查悉贝勒载洵、载涛分别掌管海军与禁卫军之事危及朝廷安全,不顾杀身之祸,上了《劾洵、涛二贝勒疏》。江春霖此事一举措震惊朝野,大臣们无不为他的性命安危担忧。《劾东三省总督徐世昌收买日本废枪片》。东三省总督徐世昌动用银库六十万银元购买一批日本废枪,从中贪污。江春霖查办此案,冲破重重压力,查出徐世昌种种劣迹,最终徐世昌受到惩处。宣统元年(1909),直隶总督端方因犯重罪,就想办法找关系,结果重罪轻罚,江春霖对此案穷追不舍,端方想收买江春霖,就备办一份大礼,价值白银万两,送到江春霖住所,江春霖严词拒贿,再次向皇帝奏本,最后端方被判重罪。宣统二年(1910)正月十六日,再次上《劾庆亲王老奸窃位,多引匪人疏》,斥其老而奸诈,窃居要位,所引进的大多不是正人。《匪人疏》中说,不去特别选拔忠诚优良的人才,是不能够用来辅佐大政、挽救危局的。言词牵连尚书徐世昌、侍郎杨士琦、沈云沛,总督陈夔龙、张人骏,巡抚宝棻、恩寿等数人。朝廷下旨再次斥责他,命令其回到原来的衙门充职,江春霖于是称病辞官回家。他在《留别都中知己》诗中说"朱云汲黯昔称贤,戆直羞将誉并延。葵藿有心空向日,刍荛无力可回天。放归田里原应尔,得返蓬瀛岂偶然。官锦旧袍菜子服,雷霆雨露总矜全。"此诗表达了江春霖当时的心迹。

得悉江春霖辞官后,四川籍画家罗一士作梅花、荷花、菊花三画赠江春霖。并在画中题诗:"第一快心事,都门识我公。高枝谁可屈,千古独称雄。纵被冰霜炉,应知意气宏。百花齐下拜,潇洒月明中""蓬蒿满目,霍荛无力,嗟君子之容于世兮,濯清泉以自洁""人淡如菊,心坚似石,晚节高风,谁堪比拟。"诗中表达了对恶势力的愤恨,也表现了对江春霖的无限敬仰。

江春霖耿直刚达,赢得朝野赞扬,人称"铁面无私""直声震天下",称他为"有清御史第一人。"

江春霖出京之日,行李萧然。除朝衣外,只有旧衣几件,旧书十余箱而已,别无他物。他作《由都察院还词馆乞归养亲留别都中知己》诗三首,其二云:"一别家山又九年,俸余只剩买书钱。久无甘旨供堂上,独有平安报客边。班列神仙知不贱,老来母子料应怜。他时圣主如垂问,为道之推己隐绵。"他五任御史,而薪俸之余,只够买书的钱,其廉洁可知。全御史台同僚素知其贫,大家凑上二千两银子,作为给他送行的赆仪,以示临别之敬意。春霖却婉辞不受,并作《辞同台馈赠》诗以谢,诗云:"同僚款洽别应难,盛饯躬逢况长官。归去

江春霖故居（郑朝阳摄影）

已无三尺献，兴来且尽一杯欢。也知在宋金为赆，尚记过曹壁返盘，闽海舟车今已便，还乡莫作远行看。"

江春霖返乡的消息传出后，"都人士争赋诗祖饯崇文门车栈，至

190

路塞不得行"。京城人士又开欢送会,"到者万人""送诗者以千百计"。他路经上海时,上海十四个团体联合召开迎送会,"参加者五千人"。京城、上海这样盛大的迎送会,自清朝以来,实属罕见,可见民心所向。江春霖回莆田时,县城人士超过万人隆重聚会于兴化府学明伦堂,欢迎江御史入城。

江春霖回家乡后,先是扮成道人,自号梅阳山人,隐寓不复出山之志。以园艺自娱,率家人种梅数百株,移植枇杷一百多株,过农圃生活。他在园门上题写一副对联云:"园小庚子山,栽花犹幸有余地;世无曹孟德(喻奸贼),种菜何须更闭门。"

春霖虽然退居山林,但仍关心国事,关心家乡人民,致力于家乡的公益事业,募修水利、道路、桥梁。民国三年(1914),针对北洋平原数万亩良田屡屡被淹的境况,他出面主持兴修梧塘沟尾海堤(韩坝),亲身参加研究工程实施方案,亲临工地督促进度,并讲究科学施工方法,先在陈桥筑堰,以减杀水势,而后筑堤。海堤竣工后,基本上免除腴田淹渍之虞。此外,江春霖还积极参与兴修江口九里洋水渠、镇前海提、哆头斗门、南埕海堤等水利设施和萩芦溪、双霞溪、陈墩等桥梁。募修兴仁医院(今涵江医院)、沧江书院及湄洲天后宫、梅峰光孝寺等公益事业,备受群众称颂。

宣统三年(1911),辛亥革命爆发,清廷封江春霖为福建宣慰使,辞不受。

民国三年(1914),窃踞大总统职位的袁世凯,为收买民心,以江春霖修韩坝水利工程有功,特授予嘉禾勋章,被他拒绝,并自撰《辞嘉禾》一文以明气节。

民国七年,江春霖终老故居,享年六十四岁。

江春霖博学多才,嗜书成癖,工书法,精词赋,雄辩论。著有《梅阳江侍御奏议》《梅阳山人诗文集》等。

本文原刊于《福建文史》2023 年第 3 期

注释

①检讨：明清于翰林院设检讨，任纂修文史之责。

②白折：清时试差大考，御史、军机、中书教习所用的一种专制书，用悬腕书之。

参考文献

江春霖故居展示馆：《江春霖生平介绍》。

马来西亚兴安会馆编：《江春霖·上册》，马来西亚兴安会馆1990年版。

莆田市方志委编：《莆田市志》，方志出版社2001年版。

林祖泉、康永福：《壶山采璞》，海风出版社2001年版。

阮其山：《莆阳名人传》，福建文艺出版社2013年版。

金文亨、金立敏：《人物春秋》，厦门大学出版社1999年版。

徐连达主编：《中国历代官制大词典》，广东教育出版社2022年版。

八、人物传说

"一方水土养一方人"。莆田地区靠山面海，地狭人稠，资源相对贫瘠，特殊的地理条件，创造了独具特色的莆仙文化，蕴育着"艰苦奋斗、勇闯天下"的拼搏精神和"地瘦栽松柏，家贫子读书"勤奋求学民风。自唐代以来，莆仙科甲兴盛，人才辈出，仅进士就有二千三百余名，经"二十四史"中立传者近百人。在漫长的历史中，留下了很多动人的故事和有趣的传说。限于资料和篇幅，笔者无法将莆田所有人物故事都写出来，只能选编一些在民间流传较广、影响较正面且又比较接近历史真实的人物及传说进行介绍，让逝去的历史人物及传说重现于地方风物之中，使人们藉由人物故事和传说，了解地方民俗，缅怀先贤，铭记历史，传承地方优秀文化，增强对生活的热爱，进而做到爱国爱乡。

（一）梅妃江采苹

江采苹（723—756），莆田县东华（今莆田黄石镇江东村）人，出身于医家。江采苹从小聪明伶俐，九岁能读《周南》和《召南》诗。人称奇女。十五岁时，已是才貌双全的女子。唐开元二十六年（738），太监高力士使闽挑选秀女，正在放牧鹅群的江采苹躲闪不及①，跌了一跤，结果被选中入宫，颇受唐玄宗宠爱，她十分喜欢梅花，宫中回栏曲槛，都要种上几株，亭子也榜做"梅亭"，每当梅花盛开时，她天天赏梅观花、吟诗，流连忘返。唐玄宗见她如此钟爱梅花，戏称她为梅妃。梅妃能文善赋，自比谢女（东晋才女、名士谢道韫）。尝淡妆雅服而姿态明秀，纤秾中秀。有《肖兰》《梨园》《梅花》《风笛》《玻璃杯》《剪刀》《绮窗》等赋，在宫中传阅。

杨玉环入宫，唐玄宗移情于杨玉环。为专宠，杨玉环竭力挑唆玄宗疏远梅妃。天宝五年（746），江采苹终于被贬到上阳宫。遭到冷遇的梅妃，心绪极为烦乱。天宝九年（750），她写《楼东赋》表明心迹。此赋传到玉环耳里，杨玉环生怕玄宗思念旧情，对自己不利，就挑拨说："江妃庸贱，以庾词怨望，应予赐死。"玄宗不以为然。一次，玄宗派人暗中送梅妃外国赠来的一斛珍珠。梅妃见物，写下诗文："柳叶双眉久不描，残妆和泪湿红绡；长门自是无梳洗，何必珍珠慰寂寥！"于是托人将珍珠与诗一起退还玄宗。玄宗见诗十分伤感，诏令东府谱成新声，曲名"一斛珠"。

天宝十五年（756），安禄山兵陷长安。玄宗带领亲信逃离，梅妃被遗弃在长安。兵乱中，梅妃守节不屈，跳井身殉。长安收复后，玄

浦口宫（郑朝阳摄影）

宗回京，派人寻找，在温泉池畔梅树下掘到梅妃遗体。玄宗伤感万分，以妃礼安葬，亲写诔文吊祭。莆人为怀念她，在其故里东华村兴建浦口宫供奉，作为永久纪念。

　　她的《楼东赋》被收入《全唐文》，《一斛珠》被收入《全唐诗》，曾被德国著名诗人歌德译成德文，传到德国。

注释

　　①梅妃故里浦口宫介绍说江采苹放牧鹅群，而非鸭群。本书采用浦口宫的说法。

参考文献

莆田市方志委编:《莆田市志》,方志出版社 2001 年版。

莆田县方志委编:《莆田县志》,中华书局 1994 年版。

金文亨、金立敏:《人物春秋》,厦门大学出版社 1999 年版。

陈光荣编著:《寻根揽胜兴化府》,海风出版社 2000 年版。

（二）妈祖林默娘

　　林默（960—987），北宋建隆元年（960）三月二十三，生于莆田湄洲屿的仕宦家庭。直到满月，从不啼哭，故名"默娘"。曾祖保吉，仕周，任统军兵马使，弃官，隐于湄洲。祖孚，承袭世勋，任福建总管。父愿，宋初官福建都巡检。

　　默娘聪慧过人，八岁从塾师读书，就能了解书中的意义。稍长，好诵经礼佛。她精医术，常为人治病，教人防疫避灾。又习水性，善驾舟，湄洲对岸有个地方叫做门夹（今忠门镇文甲村），海中礁石错杂，船只经过时常触礁遇难，赖她的拯救，往往得以不沉，乡人感颂不已。

　　开宝八年（975），默娘十六岁，一次，她随父兄坐船渡海，时风涛险恶，不幸船被巨浪掀翻，她赶紧背起父亲泅水到岸边，哥哥却被急流卷走。她又和母亲、嫂嫂驾船寻找，终于找回尸体埋葬，深受乡亲们的赞颂。此后矢志不嫁，常驾舟渡海，巡游于岛屿之间，救助海上遇险船舶。宋雍熙四年（987）九月初九，林默驾舟渡海再也没有回家。里人缅怀其德，在湄洲岛建通贤灵女庙以祀。后来，民间称林默为娘妈、妈祖。

　　宣和四年（1122），给事中路允迪出使高丽（朝鲜），船行至东海遇上巨大风浪，允迪乞求神灵庇护，八条船沉没七条，唯独路允迪坐船安稳，水手说是湄洲女神护航。回朝后路允迪上奏朝廷，御赐"顺济"庙额，悬于通贤灵女庙，这是林默首次得到朝廷诰封。此后宋高宗、孝宗两朝对妈祖累封"夫人"四次。光宗、宁宗、理宗三朝对妈祖累封

妈祖雕像（马金焰摄影）

"妃"十次。元世祖、成宗、仁宗、文宗四朝对妈祖累封"天妃"五次。明太祖、成祖两朝对妈祖褒封"圣妃""天妃"各一次。清康熙、乾隆、嘉庆、道光、咸丰五朝对妈祖累封"天上圣母"一次、"天后"九次。民国十七年(1928)，国民政府改全国各地天后宫为林孝女祠，加以保护。二十世纪八十年代，默娘被崇奉为"海上和平女神"。妈祖信仰遍于全世界。湄洲岛被开辟为旅游区，世界各地人士前来朝圣妈祖的络绎不绝。

参考文献

莆田县方志委编：《莆田县志》，中华书局1994年版。

莆田市方志委编：《莆田市志》，方志出版社2001年版。

陈光荣编著：《寻根揽胜兴化府》，海风出版社2000年版。

（三）明代应天府尹洪珠

　　洪珠（1483—1538），字玉方，出生于莆田县林墩村一户农民家庭。洪珠小时，长相一般，又因家境贫困，无心恋学，先生看不起他，公开在众人面前说："洪珠会做官，我厝大门头就献出盖牌坊"。洪珠人穷志不穷，被先生一激，下决心把书读好，终于在正德十六年（1521）高中进士。嘉靖元年（1522），授户部主事，升郎中，嘉靖四年（1525）十月二十九，嘉靖皇帝令他赴浙江等地催收粮款，沿运河漕运进京。催收期间，洪珠严禁沿途各地方官员弄虚作假，营私舞弊，掺沙湿水，短斤少两，终于把官粮、银两如数按期押送到京，交户部侍郎查核无缺。由于洪珠办事得力，成绩卓著，备受嘉靖皇帝赞赏。

尊师坊（南面）（郑朝阳摄影）

尊师坊（北面）（郑朝阳摄影）

嘉靖七年（1528），为了感谢恩师激励回乡建"尊师坊"。嘉靖皇帝见洪珠为人厚道，能饮水思源，当即钦准他回乡省亲并建碑坊。兵部左侍郎郑岳为碑坊书写匾额"申锡龙章"。

洪珠顾及老师的面子，申请改在王氏宗祠南面建牌坊，取名"尊师坊"。

洪珠书"尽忠报国"（郑朝阳摄影）

尊师坊属砖木结构，坐北朝南，略偏东北、西南，择"下艮上坤"。风水宝地，得天独厚。它与北面的王氏宗祠虽只有咫尺之隔，但每逢农村收成季节，人们在坊下扬谷时，宗祠门前却一尘不染。

嘉靖七年（1528），任绍兴府知府。嘉靖十二年（1533）十月，迁浙江布政使右参政，嘉靖十四年（1535），洪珠为杭州西湖岳王庙墓道前方照壁书写"尽忠报国"四大字，其精湛的书法得到举国上下的好评。嘉靖皇帝得知此事，御驾亲临杭州观赏，见"尽忠报国"四字深厚雄健,气势磅礴,心中欣慰有加,辄问珠曰:"'國'字右上角为何少一点?"洪珠奏曰:"岳飞尽忠不可置疑的,但报国则少了一点。"皇帝听罢,龙颜大悦,并曰:"孤得此贤臣矣!"嘉靖十七年(1538)十月,升广西右布政使。迁贵州左布政使。嘉靖二十年(1541)四月,升应天府(今南京)府尹。

参考文献

洪珠生平事迹简介

尊师碑记

莆田市政协学习宣传文史资料委员会编:《莆田市文史资料·35》,2018 年。

莆田市文联、莆田市民间文艺家协会编:《莆田民间故事选》,海峡文艺出版社 2017 年版。

徐连达主编:《中国历代官制大词典》,广东教育出版社 2022 年版。

（四）胆比皇帝大

　　林道楠，莆田人，万历十一年（1583）进士，任监察御史。未仕时去九鲤湖祈梦，求示前程，梦见仙人告诉他："回家吃婶婶的奶就知道。"他甚感惶惑，回家只好告明母亲。经母亲指教，他等婶婶给小孩喂奶时就冲过去吃一下婶婶的奶，婶婶嗔怒道："你胆比皇帝还要大！"道楠连忙作揖："谢谢婶婶！"

九鲤湖（郑朝阳摄影）

传说,当时有一个番国欲入侵中国,抱着不可告人的目的,假意邀请大明皇帝亲赴番邦会盟。大明皇帝怕去了被扣留,成为阶下囚,不去,又怕武力入侵。他紧急召集大臣商议。大家面面相觑,谁也想不出主意。朝中一些奸佞想置道楠于死地。便串通一气,向皇帝密奏:"林道楠与陛下相貌相似,且口舌如簧善于高谈阔论,随机应变。万岁可宣他化装赴番邦会盟。"

皇帝即宣林道楠上殿见驾,对他面谕:"朕闻诸位贤卿启奏,意欲爱卿代孤赴番会盟,爱卿意下如何?"

"谢万岁!"林道楠将计就计说道:"既然文武百官要臣代皇上去和番,臣只要化装为皇上,演习三日,即可启程。"

由于国难当头,皇帝迫于无奈,只好把龙座让给他三天。林道楠穿上龙袍,戴上皇冠,那些奸佞提心吊胆,但又无可奈何。林道楠上朝后,下旨惩办那些奸佞,依罪恶论罚,有的谪离朝廷,有的革职为民,有的发配充军,有的斩首示众……

林道楠做了三天皇帝,清除了一些奸佞。接着,就率领大臣和侍卫人员出访,到了番邦,番王亲自出迎。林道楠刚走到迎宾殿大门前,便见到大门口左右两边放着两桶水,就迈步上前,怒气冲冲地把右边的一桶水踢倒说:"天下一桶(统)无二桶(统)!"番王和文武大臣心里暗暗折服:"大明皇帝,真有胆识!"。

在番王为"大明皇帝"举行的盛大宴会上,端出第一道菜,上面盖着白布,揭开一看,是一个煮熟的人头。番王说了声:"请!"林道楠明知这是蓄意试他胆量,就毫不犹豫地举起筷子,把两颗眼睛都挟往嘴里。尔后悄悄掏出手帕,趁擦嘴时很快吐出的眼睛包下,放进长袖衣袋里。番王看到"大明皇帝"如此胆大,如此沉着,不敢轻举妄动,放弃了入侵中国的念头,表示愿意与中国友好相处。林道楠有胆有识,出色地完成使命,维护中国威严。回国时,皇帝没有让他进京城,要他辞官告老直接返乡,说他皇帝都做过了,还要做什么官?林道楠返乡后,在家乡倡修水利,兴办学校,为百姓做好事。传说中国人使用手帕即从此时开始。

参考文献

郑元畏主编:《九鲤湖百梦》,政协仙游县委员会文史委员会1993年印行。

金文亨:《兴化进士》,厦门大学出版社2001年版。

徐连达主编:《中国历代官制大词典》,广东教育出版社2022年版。

（五）康大和应对

康大和（1507—1577），出生于莆田沿海一农家，父母以卖盐为生，家境苦寒，他五岁时不幸得天花，愈后变成麻脸。康大和虽然出身贫寒，却人穷志不穷，刻苦好学，平日出外卖盐，也总是书本随身，一有空闲便拿出来读。他生性聪明，学识渊博，才思敏捷，精明麻利，乡下人都说他是神童。

有一年，县里考秀才，有钱人家子弟都早早地进城去了。康大和因为家庭穷，只能等到临考前才赶到城里。来到考场时，大门已经关了。大和无法，行前敲门。监考官听外面有人敲门，开门一看，见站着一个麻子，生气地说："你这野孩子，是吃了豹子胆吗？敢来捣乱考场！"康大和便把家中穷苦、自己如何一路赶来，迟到考场的经过说了一遍，再三要求让他进去考试。那个监考官听了说："你要进去考，我出个'对'子，你对得出就让你进去考；若对不出，那请你马上离开！"大和听了，便满口允承下来。监考官见大和粗脸，故意作弄他，开口就说"急水流沙粗在后"，大和一听，明知是在讽刺他，但为了进去应试，只得马上答道"狂风吹谷冇先行"，说先来的都是冇谷。监考官听后，吃了一惊，想不到这个麻子还能出口成章，对得十分工整，说不定将来会成大器，就开了门让他进去考。大和心里高兴，刚要进去，却又遇上县尹大人来查场。县尹看到有人走动，立时叫去询问，好在监考官在场，走近县尹身旁，从头到尾说了一遍。县尹听了说："既然如此，我再出个对。对得上，就让他进去考试；若对不出，立刻带他离开！"大和听说又要对对，就回答说："可以，可以！"县尹大人，想了片刻,说:"野猪无知敢入深山寻虎豹。"大和一听,知道又是在调侃自己,但又不好冲狂,便随口应道:"困龙未遇特来浅水戏鱼虾。"县尹大人大吃一惊,想不到这个外表粗俗的青年,竟能对答如流,于是亲自带大和进了考场。大和进场,埋头应试,三通鼓响,文章也完成了。结果,大和中了秀才。

康大和,号砺锋。于嘉靖十四年(1535)登进士第,授翰林庶吉士,升编修。"同考辛丑会试,进侍讲,与修《大明会典》,主试顺天。"历春坊谕德、侍讲学士、南京礼部侍郎。"东南军兴,上安攘四事"。擢南京工部尚书。方志载:"癸亥被谗,累疏乞骸骨。会莆有兵事,寓槜李三年乃归。"年七十一卒。著有《砺峰集》《万历兴化府志》。

《兰陔诗话》:"砺峰在翰苑二十年,闭户著书,屏迹权门,人讥其拙。作《拙宦对》以述志。与关中王槐野齐名,人称康王。致仕时,值莆中倭乱,寓嘉禾四年始归。其诗有'白发多情催我老,青山无地是吾家''庭堆白骨人踪少,鬼哭荒村日色昏''燕子不知旧垒破,呢喃犹向故园归',皆凄婉可诵。"

参考文献

莆田市文联、莆田市民间文艺家协会编:《莆田民间故事选》,海峡文艺出版社 2017 年版。

林祖泉编著:《莆阳进士录》,海峡文艺出版社 2013 年版。

徐连达主编:《中国历代官制大词典》,广东教育出版社 2022 年版。

（六）船夫赌对

　　传说皇帝派钦差大臣送"文献名邦"匾给莆田县，以表彰莆田文化发达，人才辈出。钦差大臣改从涵江坐船去莆田，心想，人说莆田是"文献名邦""海滨邹鲁"，说不定是吹起来的，反正在船上也没有什么事，不妨考考船夫一下。于是就对船夫说我出个对，若能对得出，我给双倍船租。刚好有一位船夫念过私塾，说我试试看。钦差大臣说："日出当空，前雷后电，东西南北皆下雨。"船夫边划边想，说大人你说"日出当空"，我对"船行水中"如何？你说"前雷后电"，我对"前风后浪"如何？你说"东西南北皆下雨"，你看我船桨一划"四面八方皆风波"。钦差大臣听了大吃一惊，说莆田是"文献名邦""海滨邹鲁"果然名不虚传！

　　其实，"文献名邦"匾，不是哪个朝代皇帝御赐的，而是明朝几任莆田县令竖的。

（七）小五哥趣事

明朝年间，莆田城厢前埭郑家有个野公子，排行第五，称五哥。他聪明绝顶，尤擅长对"对"、楹联。他仗阿舅陈经邦是当朝国师、官居礼部尚书，岳丈康大和又官居工部尚书，因而什么人都不放在眼里，平日间游手好闲，惹是生非，从中取乐。许多人又受气又好笑，都叫他"小五哥"（莆田话"小"有疯癫、不正常的意思）。其实，五哥学问不错，写文章也流利生动，尤擅长对对、楹联，就是生性落拓，幽默风趣且玩世不恭，视功名如粪土。

1.小五哥趣事写对联

小五哥的父亲已经六十岁，要娶小老婆。这一天，家里张灯结彩，吹吹打打，十分热闹。小五哥领了写联的差事，但到时还没有把联贴出。他父亲骂道："客人都来了，你联还没有贴出？"小五哥说："好好，我这就贴。"等大家看到大厅最后一副对联时，个个都笑了。原来，那联句是：家父有幸，作两度新郎；小子无辜，添三年孝服。

父亲听到客人的笑声，以为是客人在夸小五哥联写得好，心中得意，也走前观看，才知道小子在挖苦他，但又不好当场发作，只好忍到酒席散后，伸手撕下联对，大声喊叫小五哥。小五哥早已溜得无影无踪了。

2.五哥放大炮

有关他的奇闻、笑话有一箩筐,而最脍炙人口的是"小五哥放大炮"。

话说有一年元宵节,莆田城里家家户户点灯结彩,大放烟花爆竹,好像比赛似的,一家更比一家放得多。五哥也不甘落后,他叫了几个工匠,在家里加工出一个特大鞭炮,鞭炮高一丈许,园径五六尺,鞭炮的外形却与一般鞭炮一模一样。炮做好后五哥先放出消息。正月十五日五哥要在武校场放一个统天下最大的鞭炮,炮声大得惊人,恐怕人的耳膜都会被震破,消息传出后,城里人议论纷纷,半信半疑。正月十五那天,小五哥一大早就雇人把大炮抬出来,在城里街巷巡游,让大家开眼界,这下子所有的人都信服了,都争着往校场去守候。待小五哥一行簇拥着大炮来到校场时,这里早已是人山人海。经过许久,五哥终于大声宣布:现在要放大炮了,大家要把双耳掩紧,否则,被震成聋子概不负责。于是大家急忙用双手捂紧耳朵。五哥一声令下:放!几位炮手先点着连接炮芯的一根长长的导火线。然后飞快跑开,躲到远处去了。五哥也趁机跑出来站到一个高坡上。导火线很长,烧了半天还没接近炮芯,让看的人紧张万状。最后导火线引着了炮芯,只"啪"一声,一个小鞭炮细微的响声!

所有的观众都同时放下捂紧耳朵的双手,有的说炮炸了,声音很大,有的说大炮的声音跟五哥放屁差不多。大家都知道又受骗上当了,四处找寻五哥算帐,可是早不见了五哥的人影。

从此,"小五哥放大炮"成了莆田人们的一句口头禅,直流传至今。

参考文献

莆田市文联、莆田市民间文艺家协会编:《莆田民间故事选·奇异联对》(俞玉森、杨穆),海峡文艺出版社 2017 年版。

中共莆田县委宣传部编:《莆田风情·小五哥趣事》(学圃),福建人民出版社 2000 年版。

九、名胜古迹

莆田市拥有丰富的旅游资源,人文景观和自然景观遍布山区、沿海和平原,有莆田二十四景,仙游十二景,沿海十二景。

莆田二十四景是:东山晓旭、白塘秋月、宁海初日、锦江春色、西湖水镜、梅寺晨钟、天马晴岚、西岩晚眺、石室藏烟、智泉珠瀑、九华叠翠、湄屿潮音、钟潭噌响、谷城梅雪、壶山致雨、碧濑飞泉、古囊列巘、紫霄怪石、绶溪钓艇、夹漈草堂、南山松柏、木兰春涨、柳桥春晓、三紫凌云。

仙游十二景是:九鲤飞瀑、菜溪幽壑、麦斜云岫、天马悬梯、塔斗夕霞、仙洋戏水、凤顶无尘、蜚山霜月、艺都仙作、龙华双塔、仙游文庙、石谷日出。其中"九鲤飞瀑、菜溪幽壑、麦斜云岫、天马悬梯"被称为"仙游四大景"。

沿海十二景是:新桥夜泊(涵西新桥头)、美澜晨眺(北高)、冲沁晓烟(北高)、黄崎夕照(埭头黄岐)、青山叠翠(埭头石城)、南啸归帆(平海)、门夹风涛(山亭文甲)、鲟江烟雨(湄洲)、螺港秋潮(山亭港里)、蓼城蜃气(东埔吉城)、塔林渔唱(东埔塔林)、小屿长桥(秀屿港区)。

（一）莆田二十四景

莆田风光旖旎,自然景观和人文景观较多,南宋时,莆田县宋迪始绘"潇湘八景"风景图。明代天顺年间,进士吴希贤始标莆阳四景:壶桥晴岚、乌山雾雪、绥溪待渡、宁海观涛。清朝顺治年间,进士林尧英手定莆田风景点"二十四景":东山晓旭、西岩晚眺、梅寺晨钟、西湖水镜、南山松柏、木兰春涨、钟潭噌响、柳桥春晓、石室藏烟、智泉珠瀑、北濑飞泉、绥溪钓艇、九华叠翠、壶山致雨、三紫凌云、紫霄怪石、古囊列巘、谷城梅雪、白塘秋月、宁海初日、天马晴岚、夹漈草堂、锦江春色、湄屿潮音,沿用至今。因年代久远,沧桑变异,有的景点已成陈迹,有的已经消失,但绝大部分景点保存完整。文中题景诗皆为陈鹤所作,其人事迹详见本文附录《当代书画家、诗人陈鹤传略》。

1.东山晓旭

东山俗称东岩山,古称乌石山,因有山石如麒麟,故又名麟山,位于莆田市区西北角。古代在山上,建有"三峰亭"以观东海日出,每当凌晨登亭,遥望东海,旭日在海云的屏幕中冉冉升起,金光万道,气象万千,故有"东山晓旭"之称。山上现有三一教东山祖祠、东山妈祖行宫、报恩东岩教寺等古迹。诗云:

> 松风漫漫烟濛濛,独伴山灵望晓空。
> 未许火珠沉海底,腾波一瞬满天红。

東山曉旭

松風謖謖煙淡淡
猶伴山靈坐曉室
未許火珠照海鹿
隣沈一瞬滿天紅

南山松柏

南山往氣都鬱蒼蒼
一望松林顔岫長
老□曉雲蒸翠盖
秋風爽籟美□簫

2.南山松柏

南山古称"莆山",别称"凤凰山",位于城厢区凤凰山街道,是莆田文化的发祥地和宗教圣地。

广化寺始建于南朝陈永定二年(558),原是郑露三兄弟结庐讲学的地方,后舍宅为金仙庵,隋开皇九年(589)扩建为寺。唐景云二年(711)敕赐"灵岩寺"。宋太平兴国元年(976),太宗改名"广化寺"。宋代广化寺盛极一时,有"二寺、十院、一百二十庵"之说,僧众达一千余人。

广化寺左侧的释迦文佛塔,建于南宋乾道元年(1165)之前,系仿木构楼阁式石塔,高三十米,为全国名塔之一。

广化寺前原有一片水池,古称南湖,北宋时海水涨潮,还会漫至山下,此时群峰耸峙,苍松翠柏倒映水中,山光水色相映生辉,风景十分迷人。山上以多松柏而闻名,故南山景观原以松柏而著名。诗云:

南山佳气郁苍苍,一望松林岭岫长。

春日晴云萦翠盖,秋风爽籁弄笙簧。

3.壶山致雨

壶公山原名胡公山,因传汉代有胡姓仙人居此而得名。山势高峻,濒临海湾。每当气候骤变时,山顶常有云雾缭绕,为雨前征兆,故有"壶公致雨"之说。人们往往视它为天然的气象预报台。

壶公山有八面、十八院、三十六岩之胜。山巅有天池、仁泉、蟹穴、虾洞、仙井等,皆为古代火山口遗址;还有壶洞、虎印石、碧汉湾、桃花谷等古迹。山中有凌云殿、祥云殿、白云寺、真净寺、名山宫、宝胜寺、香山宫、天后宫等二十余处宗教和民间信仰建筑。其中以供奉玉皇大帝的凌云殿最为有名。诗云:

壺山致雨

壺山晴日綰南嶺千仞凌霄尔羃

羃連雲生翠嶂雨捲前山色有無間

木蘭春漲

木蘭溪上木蘭舟信棹逍遙天上遊

春雨頻來春漲候桃花逐水向東流

壶山晴日总开颜,千仞凌霄天易攀。
嗳碴云生春酿雨,樽前山色有无间。

壶公翘首矗苍穹,濒海群山势独雄。
头上浓云披絮帽,无声润物雨濛濛。

4.木兰春涨

木兰陂位于城厢区霞林街道木兰山下,是北宋年间修建的集引、蓄、灌、排、挡等功能于一体的大型水利工程。九百多年前,木兰溪因受海潮的影响,时常泛滥,给两岸人民带来极大的灾难。宋治平元年(1064),长乐人钱四娘携金来莆在将军岩前垒石筑陂,但刚建成就被洪水冲垮了。不久,其同乡林从世又捐十万缗(一缗合一两银子)改在温泉口筑陂,也因陂址选择不当而告失败。

熙宁八年(1075),侯官人李宏应召而来,在僧人冯智日协助下总结前人失败的教训,选择在溪水缓、溪床岩石亘连的木兰山下建陂。经过八年奋战,终于建成。因陂在木兰山下,故名木兰陂。每当春涨之时,溪水越坝而下,形成瀑布,雪飘雷鸣,蔚为壮观,所以景点以"春涨"命名。

木兰陂是我国保存最完整的古代大型水利工程,与都江堰齐名,系全国重点文物保护单位。诗云:

木兰溪上木兰舟,信棹逍遥天上游。
春雨频来春讯候,桃花逐水向东流。

迢递源泉汇木兰,纡回百涧转千峦。
桃溪涨腻霏春雨,桂魄流辉洗玉盘。

云散祠前消遗恨,浪翻陂下见回澜。
四娘长者如无恙,且看今朝再改弯。

5.宁海初日

宁海位于木兰溪下游的入海口,有座石梁古桥宁海桥。宁海桥横跨木兰溪南北岸,北岸古为宁海镇,桥以镇名;南岸为桥兜村,故此俗称桥兜桥,又名东际桥。建桥之前,此处称为宁海渡,又称浦口。为了方便南北洋百姓往来,元元统二年(1334),龟洋僧人越浦率众僧四处化缘,倡建此桥。宁海桥历经劫难,被洪水冲毁三次。现存的桥是清雍正十年(1732)开始修建的,耗费十五年。桥为石梁式,全长二百二十五米七,面宽五米八,高十米,两墩之间的净跨径在八米八至十一米八,桥面用七十五块长十三米、厚一米二的巨石铺设而成。据说,石材取自埭头的大蚶山。开山凿石的人把凿好的石梁从山上沿斜坡滑到海边,把它绑在两船之间,趁潮出海,逐渐靠近桥墩。乘涨潮时,利用浮力把巨石托举上桥墩。大桥凌空飞架于宁海上,势如晴虹卧波,雄伟壮丽。每当拂晓之时,伫立于桥上,远观海上初升旭日,从海面喷薄而出,刹那间海天尽赤,桥下波光粼粼,朝阳从桥孔之间腾跃而起,极为壮观,故有"宁海初日"之誉。该桥被列为全国重点文物保护单位。诗云:

拂晓跨虹望海东,水天混处影通红。

始知造化洪炉热,铸出金轮转太空。

6.白塘秋月

白塘位于涵江区白塘镇,占地三百多亩,为莆田南北洋平原最大的水塘。白塘湖面宽广,放眼望去,茫茫一片,自古以来就是人们八月秋游和赏月的胜地,所以取名"白塘秋月"。每年中秋,沿塘各村,张灯结彩,车鼓队,莆仙戏,还有十音八乐,轮番上演,到处都洋溢着

寅海初日

掷晓跨虹坐海东水天混雾气通红

始知造化泄炉韛熔铸出金轮陟太空

白塘秋月

秋色平分玉魄光白塘彷彿水银塘

人间天上同欢乐箫鼓霓裳夜未央

陈鹤书『宁海初日』『白塘秋月』

祥和欢乐的气氛。尤其引人入胜的是在子夜时分更深人静,风轻波平、月朗星稀之际,远处的大小山峰,倒映水中,塘中有山,山中有月,水月交辉,仿佛人间仙境。

近年来,人们在白塘上构筑三座古色古香的亭子,分别命名为秋月亭、映月亭、揽月亭。诗云:

> 秋色平分玉魄光,白塘仿佛水银塘。
>
> 人间天上同欢乐,箫鼓霓裳夜未央。

7.石室藏烟

景点位于城厢区凤凰山街道。传说该寺初建于唐咸通年间(860—873),开山祖师是高僧黄妙应。寺后有明代七级砖塔,高约二十米,为国内少有的古砖塔。寺的右侧是玉皇殿,殿前有一对透雕盘龙八仙石柱,雕技精湛,形象逼真,为石雕艺术珍品。寺左后方有一石洞,洞的上方有一块长约两丈的巨石,形如舌头,故称"龙舌石"。春天的晨昏,石室岩常有云雾飘浮在奇岩怪石上,因此有"石室藏烟"之说。诗云:

> 嘤嘤好鸟似相迎,近郭青山照眼明。
>
> 天外烟云归石室,出为霖雨育苍生。

8.谷城梅雪

谷城,位于荔城区黄石镇七境村,古称"城山",因其地遍栽梅树,腊月,山上梅花竞相开放,香飘数里,远望宛若瑞雪满山。故有"谷城梅雪"的雅称。诗云:

> 壶山腊月无滕六,姑射癯仙璨谷城。
>
> 远望何分梅与雪,梅花比雪更清馨。

石室藏煙

曖曖好雲以相逐　逵郭青山照眼明

天外煙雲歸石室　出為霖雨育蒼生

穀城梅雪

青青蘭膄月冬媟　六姑射瓊仙琭毂城

遠遠何分梅与雪　梅花以雪更清馨

9.九华叠翠

　　九华山位于荔城区西天尾镇下垱村。九华山层峦叠峰、翠峰如簇，形如九叠莲花，故有"九华叠翠"之称。此山还有别名，因山形如笔架而称"笔架山"。九华山最为古老的称谓是"陈岩山""仙公尾"。相传汉代有陈胡二道人来自北方，在莆田择胜而栖。姓陈的上九华山，姓胡的上壶公山，故九华山有陈岩山之称。

　　山顶有一石洞，"燕子洞"，俗称"仙公洞"，是祈梦之地。此外，山上还有"紫云岩""罗汉石室""仙人足迹"等古迹，以及"石鱼鼓""石牛"等怪石。诗云：

　　　　林麓幽深石径穿，层峦耸翠帽檐前。

　　　　若教山半白云锁，仿佛青鸾翥九天。

10.智泉珠瀑

　　智泉位于城厢区龙桥北磨西山。智泉源出林桥村弥陀岩。因泉水流坠崖，呈各式瀑布，前人称之"玉涧三悬"。三级瀑布首尾相连，每至一陡峭处，泉水飞流而下约七十米，洞底有许多怪石，泉流碰击到嶙峋的岩石上，便飞溅成亿万颗雾状珠玑，名"智泉珠瀑"。诗云：

　　　　知泉睿智愚溪愚，景物奈何品亦殊。

　　　　且向悬崖欢白练，随风激石散明珠。

11.古囊列巘

　　"古囊"即囊山的雅称，位于涵江区江口镇囊山村，以主峰形如古代的悬囊而得名。囊山上山峦累叠，所以景点名"列巘"。

九華叠翠

林嶂幽深尽径穿，层峦叠翠帽参前

芳菲山半隐云锁，仿佛青峦势九天

智泉珠瀑

神泉睿智灵泾且萃物兹付品而珠

且向慈崖飲而孫隨風濺石散明珠

囊山南麓有一座古刹,系名僧人妙应于唐代中和元年(881)创建的,初名"延福院",光启二年(886),闽王王审知为祝母寿,奏请赐额"慈寿寺",人们习惯称"囊山寺"。此寺为古驿道宿站,当年朱熹赴同安簿任时,曾在寺内留宿。明宣德八年(1433),僧众多达千余人。在寺后辟支岩有块大石如屋盖,由八块小石支撑,外有两石对立如门户。离辟支岩不远处,有可纳百人的巨洞,洞里又有许多小洞,洞洞相连,俗名"百廿间"。洞外一块大石头,形状如鲨,人称"鲨石"。此石能随天气阴晴而变色,晴天色白,将雨则灰,被视为天然"晴雨表"。诗云:

> 天元洞古渺神仙,留与希夷自在眠。
>
> 青嶂屏开沧海阔,几看沧海变蒲田。

12.钟潭噌响

钟潭位于城郊乡下林村水磨坑。

钟潭水源出龟山,经朱坑注入锦亭山的西南谷,沿溪岩石陡峭,溪床几经阻扼,下泻悬崖石壁,颇为壮观。石壁下潴为一深潭,瀑布撞击深潭,发出洪钟般的巨响,潭满水溢,又分支而泻,共注三注三泻。三泻处有的像飞瀑,有的像挂练,有的像曳帛,水力冲激而成的三谭,如樽,如盅,如敦,人称三个酒盅。上中下三潭流水交响,其声如丝弦弹拨,玉磬敲击,箜篌鸣奏,令人陶醉,有豀坎镗鞳之声,与向之噌响声相应,似钟鸣鼎响,故名"钟潭噌响"。诗云:

> 何劳远探石钟山,泉坠深潭水转环。
>
> 丙穴浪冲清籁发,冯夷幽府似禅关。

古囊列巘

天元洞古渺神仙 苗与希夷自在眠

玉峰屏闹涂河澜钱香滨海笑蒲田

钟潭噌响

何带遥挥石钟山泉隆淙潭不断长

丙穴泒衡清溪姿冯卷西函府以禅阅

227

13.紫霄怪石

紫霄岩位于荔城区西天尾镇渭阳村。山上有一座道、释两教相容并立的千年古寺紫霄迎福寺,俗称"紫霄寺"。但紫霄千姿百态的嶙峋奇石最为著名。绝顶的"万岁石",尤为峻拔。此外,还有仙人冢、暖日台、三清石、太府厝、仙巾帽、观音石、石镜屏等石景,各具风姿。渡紫云溪,沿小道而上,有巨石对峙如门,上刻"紫霄岩"三字,穿过石门,有两棵联成"人"字形的连理榕,盘根据石,古干凌云。离此不远处的琉璃峡上,飞架一座小巧玲珑的天台桥,相传是宋代蔡襄所建。桥旁有一石,敲击其声如鼓,故称"石鼓"。附近有古榕盘石而生,被称为"石上松"。再上去左后侧有一天然石洞,洞中有罗汉石像,称罗汉洞,内有清泉一泓,不溢不涸,雅称"玉壶池"。洞前有一条溪涧,洞上横着一石,其形如舟,流水激石,声如鸣雷,故名"雷轰石"。溪涧中产有一种珍稀的小虾,浑身赤色,就像煮熟的一样;还是一种似已剪尾的小螺。诗云:

> 九苞丹凤舞紫霄,山上松声弄玉箫。
>
> 怪弄不输阳朔石,玲珑且看鸿濛雕。

14.绶溪钓艇

延寿溪,位于城厢区龙桥街道延寿村,雅称绶溪,发源于仙游九鲤湖,经常太莒溪,过九华山南麓泗华陂,流入延寿溪。旧志称此溪至此"十里无湍激声,一碧如带(绶)",故又名"绶溪"。

宋建炎元年(1127),于溪上建一桥,称延寿桥。传说邑人李富在

紫霄怪石

九苍□开凤□舞□紫霄山上松声□□□

怪石□□阳朔石玲珑且看鸿□雕

绥溪钓艇

淡淡烟光隐翠□杏花细雨泚多衣

张□钓艇□□动点破青天白鹭飞

陈鹤书「紫霄怪石」「绥溪钓艇」

229

溪南延寿村,发起并捐资兴建延寿桥。宋建炎五年(1130),在方天觊助建下,大桥竣工。这座青石板桥,桥长三百余尺,有筏型桥墩十三个。桥南有桥碣,上书"延寿桥"三个字,为邑人宋丞相陈俊卿之孙陈宓所书。陈宓,宋龙图阁学士。

延寿桥下,十里平溪,两岸荔枝成林,龙眼成荫,佳树秀木,倒映溪中,影影绰绰。文人雅士泛舟垂钓溪中,雅称"绶溪钓艇"。

延寿溪畔,人文荟萃,俊彩星驰。晚唐秘书省正字徐寅,唐亡后,归隐故里,常独坐溪边垂钓,后人把徐寅垂钓之潭称徐潭。其七世孙徐铎高中状元,乃兄徐锐为同科进士,都是延寿溪乳汁哺育长大的。宋进士方略曾居住在延寿溪畔建"万卷楼",藏书千二笥,编录书目万卷,这便是流传至今的佳话"壶公山下千钟粟,延寿桥头万卷书"。诗云:

淡淡烟光隐翠微,杏花细雨湿春衣。

轻移钓艇菰蒲动,点破苍天白鹭飞。

15.夹漈草堂

夹漈草堂在涵江区新县镇夹漈山上,为纪念宋代著名历史学家郑樵而建。宋乾道五年(1169),兴化军钟离松把草屋改建为瓦房,题额"夹漈草堂"供后人瞻仰。

郑樵隐居在夹漈山三十年,过着十分清贫的生活,把全部精力倾注在史学研究和著述上,于宋高宗绍兴三十一年(1161)完成全书二百卷、五百多万字的《通志》这一宏篇巨著。清代学者章学诚,近代学者康有为、梁启超、鲁迅、郭沫若等都给予此书充分的肯定。

草堂附近,至今尚保存着不少与郑樵相关的遗迹,如瞻星台、曝书石、洗砚池、下马石、书亭寨。诗云:

赵家金阙今已矣,著作等身胜草堂。

文献流芳千载后,阶前带草染书香。

锦江春色

擘榜青芳何霭遥锦江城外小环山
迟看豪派新春淡且锦桃花柳绿成阵

夹漈草堂

辅家金阖々已吴著作当身赎草堂

文献沉芳千载成阴前满草堂香

231

16.锦江春色

景区位于江口镇。国民政府主席林森曾手书"锦江春色"四字刻石于锦江中学附近,至今尚存,从石刻之高处眺望整个江口,所谓江桥夜月、古寨夕阳、雨堤烟树、瓜园笙歌、渔舟撒网、海市蜃楼、青山倒影、隔岸吹笙、春郊麦浪和远浦归航十个景观历历在目,雅称"锦江春色"。诗云:

> 挐楫寻芳何处还,锦江城外小环山。
> 遥看麦浪翻春海,且醉桃花柳絮间。
>
> 春色锦江岂一般,碧流照影桃花欢。
> 兴来折屐登高望,麦浪东风卷波澜。

17.梅寺晨钟

梅峰位于今城厢区胜利路中段。宋代地名梅子冈,因山上遍植梅树而得名。宋初建有观音亭,宋神宗元丰八年(1085),梅峰的所有者李泮与妻子黄氏求观音喜得贵子,于是喜舍梅子冈山地一百多亩,扩建为佛寺,后又改名"崇宁禅寺""天宁万寿寺""报恩光孝寺",绍兴十二年(1142)称"光孝寺",一直沿袭至今。宋绍兴五年(1135),龟洋二圣僧住持该寺,发愿铸造大钟。经过三次铸造,音色都不理想。直到绍兴二十五年(1155)住持怀琇请名匠蔡通冶铸了一口铜钟,音色清朗,声音洪亮,凌晨时钟声可传到四十里以外。所以梅峰寺以晨钟闻名。传说,钟挂上后,老和尚要北上试听音量,临行前嘱咐小和尚,要等一天后才能敲钟。可小和尚性急,刚过半天就敲钟,老和尚刚走到江口桥北福清县境的翁山脚下,听到钟声只好折回。后来老和尚闻钟声的地方就被命名为"钟前村",村子离梅峰寺二十五公里,要是小和尚听话,这口钟就可以传声百里。"梅寺晨钟"反映了我国古代在

西湖水镜

束风猎猎燕差沦影窗妆容胸欲焰

湖水澄清闹玉镜桃花柳叶罩芳姿

梅寺晨钟

敲落空星雑挂鸣偉来梅寺言觉心清

城中多少南柯梦来瞭孤钟破晓报

冶金技术和充分发挥声学原理的高度智慧。该钟惜于清光绪十三年（1887）烧毁，现有铜钟是民国初年仿宋钟模式重新铸造。诗云：

> 敲落寒星鸡始鸣，传来梅寺觉心清。
>
> 城中多少南柯梦，未听疏钟破晓声。

18.西湖水镜

　　景点位于荔城区镇海街道，湖本为旧城壕，明太守岳正凿之，筑三个石堰。中堰弘深广阔，其观如镜，故称"西湖水镜"。诗云：

> 东风嫋嫋燕差池，骀宕春容胸次怡。
>
> 湖水澄清开玉镜，桃花绿柳照芳姿。
>
> 小西湖畔绝尘嚣，环水人家万虑消。
>
> 夜月芙蓉开天镜，春风杨柳照纤腰。

19.柳桥春晓

　　柳桥位于城厢区城郊乡顶墩村，古称"柳塘"。三面临河，沿岸植柳，间栽荔树，春夏之交，绿柳婆娑，黄鹂歌啭，荔枝挂丹，轻舟竞渡，风景如画。诗云：

> 淡淡染烟兼带露，轻轻拂水复笼纱。
>
> 野桥无限春光漏，漫听黄鹂到日斜。

20.西岩晚眺

　　景点于城厢区龙桥街道的西岩寺。

　　古刹西岩寺，明代建造，原是明朝国师陈经邦的别墅。清兵入关，

柳橋春曉

溪溪染煙畫帶霽初拂水浮籠
野橋無限春無涯浮漾艇烏□到日斜

西岩晚眺

散步岩前靜晚晴煙林喧鬧空鳴
西山初爛雲為錦猶有天□線須成

其孙钟岱因响应朱继祚,举兵复明,失败后削发为僧出家,将别墅名为"西岩寺"。站在西岩寺山门前台阶上,放眼四望,城乡景色,尽收眼底。黄昏时分,夕阳返照,千里流丹,风光如画,故称"西岩晚眺"。诗云:

> 散步岩前趁晚晴,烟林喧闹鸟争鸣。
> 西山绚烂霞如锦,独有天孙织得成。
>
> 岩前晚景真无际,几片归云万点鸦。
> 一抹斜阳山外尽,群峰沉翠恋残霞。

21.湄屿潮音

湄屿即湄洲岛,以岛形似眉得名,岛上有一座闻名海内外的妈祖庙。庙前海岸有大片辉绿岩,受风涛冲蚀,形成天然凹槽,随着潮汐吞吐,发出有节奏的音响,故称"湄屿潮音"。诗云:

> 澜洄湄屿德潮音,碧海青天着此心。
> 仿佛夔龙正典乐,管弦金石华齐鸣。
>
> 南溟浪涌鳝山哉,潏湃鱼龙跃听歌。
> 恐是湘灵亲鼓瑟,子春弦拨水仙操。

22.天马晴岚

黄石镇天马村有山屹立,如一昂首之马,有马头、马鞍、马尾,每逢天晴景清,山岚蒸腾,水汽氤氲,山腰处处缠云绕雾,远观山以天马,若隐若现,似有腾空之势,故称"天马晴岚"。诗云:

> 蒸润岚烟湿翠微,山容焕发映朝晖。
> 依稀天马行空邈,脚下白云冉冉飞。

湄與潮音

澜洄浩荡與德潮音堪清吉天著此心

彷彿夔龙正典乐管弦金石芊镵喨

天馬晴嵐

蕬流岁烟逗翠澥山容媚器诗新暉

依稀天馬行空邀御下白雲冉飞

237

23.三紫凌云

"三紫"山峰位于华亭镇北部,山发脉于仙游,由尖山经濑溪西北走入华亭,分为三支:中为"紫微山",左为"紫云山",右为"紫霞山",山上奇峰怪石,石皆呈紫色,故称"三紫"。方志记载三山"晓日笼烟,山色绚紫",山尖刺入云霄,形成"三紫凌云"的独特景观,名入莆田二十四景。诗云:

> 仿佛香烟生紫烟,三峰峻崎插苍天。
>
> 白头已谢凌云志,惭愧青山永少年。

24.北濑飞泉

景点位于常太岭头尾,有溪名北濑(又称"碧濑"),为延寿溪上游,两岸凿开巨石,泉水湍流,崩崩汹汹,似有蟠龙争斗其中,雅称"北濑飞泉"。1960 年 4 月,东圳水库建成后,北濑沉没于水库底。1962年,郭沫若来莆参观时,作诗盛赞云"北濑飞泉今化龙"。诗云:

> 观瀑常从碧濑归,深林烟霭湿春衣。
>
> 寒流急泻风雷动,何异玉龙出谷飞。

参考文献

莆田县方志委编:《莆田县志》,中华书局 1994 年版。

刘福铸主编:《莆田史话》,社会科学文献出版社 2014 年版。

编写组:《兴化揽胜》,福建省莆田市印刷厂 1984 年印行。

莆田县科普创作协会编:《壶兰课苑》,莆田县印刷厂 1981 年印行。

金文亨、陈金海:《莆田风景名胜》,兴化民俗文化研究中心 1998 年印行。

康永福辑校:《陈鹤诗词稿选》,1984 年印行。

三紫凌雲

彷彿冬晴生紫煙　三峰峻峙插蒼天

白頭已愧凌雲志　慚愧青山永少年

碧瀨飛泉

銀瀑常從碧瀨來　轆溜林煙霧溼衣

濲屭急湍風雷響動　何異玉龍出谷飛

239

附录　当代书画家、诗人陈鹤传略

陈鹤(1908—1992),历任莆田县政协常委,莆田市政协常委,福建省政协委员,福建省美术家协会会员,莆田市美术家学会名誉主席,莆田市书法家协会主席等职。

陈鹤师于1924年毕业于莆田十中(今莆一中),考上大学文学系,因病未入学,在涵江养病期间,先后在培原等小学任教。少年时,陈鹤老师就喜读古文和诗词,又爱好美术,尤其兴趣画猫画虎。曾得到古文学家、书法家关其忠(莆田江口人,清末拔贡)和著名花鸟画家黄卓然(莆田城厢人)的赏识和教导。

1925年,任过清道台的江苏人程淯东游莆田,以他的《画龙》和《梅花》诗各四首求和。时年十八岁的陈鹤以《困龙》《画龙》《梦龙》《斗龙》及《梅花》诗各四首赓和求教。当他看到陈鹤的和诗《困龙》中"十日在田秋伏候,一朝雷雨异常鳞"及《梅花》中"自是冰心兼铁骨,才能冒雪占春光"之句时,不禁赞叹说"江东罗隐,终必成名"。

1932年陈鹤考入上海美专深造,受业师是刘海粟校长和黄宾虹、潘天寿、王声远、胡友葛诸教授。

1935年7月,陈鹤毕业于上海美专。为了谋职业,于是年冬远渡重洋到马来西亚,先后在柔佛麻坡中华中学等校任教。

陈鹤于1941年返回战火纷飞的祖国。

1942—1943年,陈鹤在莆田中山中学任教。

抗战胜利后,陈鹤携带林剑华校长的介绍信及自画自题的《香山九老图》到南京向于右任求教,在邑人郑仲武的引进下,拜晤了于右任并献上自题画。于右任十分赏识他的这幅画,对"香山九老谁得似,错把银髯入画图"题句,击节再四,高兴地挥毫书条幅以赠。

陈鹤流寓上海期间,曾先后在上海、南京、芜湖、宁波等地举办个人书画展。在那灯红酒绿的十里洋场里,他仍以诗、书、画为生。

1952年夏,陈鹤自沪返回涵江,是年秋季起在涵中中学(今莆田六中)任教,一直到1987年10月退休。

"文革"中,陈鹤和许多知识分子一样,受到冲击。其中,有许多在东南亚、香港、台湾等地的同事和学生通过多种渠道,寻找"书画家陈鹤老师"。敬爱的周总理,指示有关部门找到他。

1973年8月9日,福建省广播电台首先广播陈鹤的事迹和艺术成就。同年10月22日,中国新闻社以"访闽籍书画家陈鹤"为题,介绍其艺术特色,将此文印发到四十八个国家。11月,中国新闻社、福州军区等单位联合采访、报道,拍摄他的作画的现场及代表作《虎》的彩色照片。1975年春,福州军区将这幅《虎》的彩照,并附作者的艺术成就简介,印发十五万份,在国内外广泛宣传。

1973年11月1日和1974年3月11日,福建海峡之声广播电台、中央人民广播电台先后报道陈鹤的事迹。福建电视台还拍摄、播映他的作画现场并介绍其艺术特色。1973年10月—1974年间,《人民日报》(海外版)、《华声报》、《深圳特区报》、《福建日报》、《兴化报》以及香港《大公报》、《文汇报》、澳门《华侨时报》等先后发表他的作品和专访文章。1982年10月,中央人民广播电台国际台用五种语言向全世界侨胞介绍陈鹤的事迹和艺术成就。

陈鹤的书画作品广泛流入日本、美国、菲律宾、新加坡、马来西亚、加拿大以及港澳台等二十个国家和地区,为有识之士所收藏。尼泊尔国王的客厅上挂着他的《虎》图。他的国画为中央国画研究所珍藏。

陈鹤的诗、书、画的艺术造诣,受到许多名家的赞扬。如福建师大的副校长黄寿祺曾以"能诗兼善画,翰苑恣飞翔"的诗句称颂。著名书法家沈觐寿亦尝赋予"笔飞墨舞,可与法画并驾齐驱"之誉。省文史馆主任张立则以"莆阳自古饶书画,三绝身兼有几人"之诗赞美他。

(陈鹤是编者高中恩师,本文节录于康永福老师撰写的《当代书画家、诗人陈鹤传略》)

参考文献

莆田市政协文史资料研究委员会编:《莆田市文史资料·第九辑》,莆田县印刷厂1994年印行。

（二）仙邑风光

仙游境内旅游资源丰富，这里湖光山色，山川毓秀，自然景观人文古迹很多，是一个"神仙畅游的地方"。仙游自古就有"四大景"之说，即九鲤湖、菜溪岩、麦斜岩、天马山四大景。仙游县于 2013 年开展了"仙游十二美景"评选活动，评出"九鲤飞瀑、菜溪幽壑、麦斜云岫、塔斗夕霞、天马悬梯、仙洋戏水、凤顶无尘、蜚山霜月、艺都仙作、龙华双塔、仙游文庙、石谷日出"等十二美景，浓缩了仙游丰厚的自然和人文旅游资源的精华，也较为全面的囊括了仙游旅游资源的类型。

1.九鲤飞瀑

仙游自古有"四大景"之说，九鲤湖被列为首景。九鲤湖位于钟山镇，相传汉武帝时，安徽庐江何氏九兄弟在此炼舟济世，丹成跨鲤升仙，九鲤湖因之得名。景区主要以湖、瀑、洞、石、梦著称，有"九鲤飞瀑天下奇"之誉。景区最引人入胜的当推九漈飞瀑，即雷轰、瀑布、珠帘、玉柱、石门、五星、飞凤、棋盘、将军。九漈瀑布各展奇姿，以瀑布漈、珠帘漈、玉柱漈最为壮观。明代著名地理学家徐霞客把九鲤湖和武夷山、玉华洞并称为"福建三绝"。

2.菜溪幽壑

菜溪岩在象溪乡境内，相传唐朝时，凤山九座寺智广禅师云游到此，见这里是风水宝地，便在此结庐修炼。智广不食人间烟火，唯以野菜为粮，因常在溪边洗菜，菜叶随波而下，山麓村民不知，见溪上菜叶漂流，因而称该溪为菜溪，山名菜溪岩。有石门、石璧、瀑布泉、龙潭、普陀岩、罗汉洞、幻游洞、象王峰、狮子峰、望赏台、藏真坞、眠云石等一百二十景。

菜溪岩以山清水秀、石奇岩峻、谷洞幽、瀑布成群而著称，是一处天然幽静、风景秀丽的旅游避暑胜地。宋代状元郑侨诗赞："百景千姿观不尽，八闽胜地菜溪先"。

3.麦斜云岫

麦斜岩位于钟山镇境内。该山高峻巍峨，怪洞玄幽，山上遍布紫红色的石崖、石峰、石球。在麦斜岩顶峰，有一座被称为"占星石"的巨崖，面平如砥，大约可以坐上百余人，石面有古篆百余字，犹如龙蛇纠缠，自古至今无能辨识，因而被人们称为"仙篆"。沿着麦斜岩登山小道拾级而上，一路上奇石星罗棋布，如樵谷石、邪门石、雷劈石、童子拜观音石、老鹰岩、龟蛇相会石、鲤鱼朝天石、风动石等，这些岩石形态逼真，令人遐想。

麦斜岩山幽洞异，奇趣盎然。有玉泉洞、印真洞、梅花洞、仙人洞、弥勒洞、环竹洞、蝙蝠洞等。其中仙人洞可直通弥勒洞，约有百米长。

4.天马悬梯

天马山位于榜头镇上昆村境内,因其主峰巍峨雄峻,状如天马行空而得名。山径傍崖临涧,绝壁摩空,穿崖绕壁,蜿蜒而上,令人头晕目眩。拾级攀援,如上青天,是有名的"天梯"。山间经常云雾环绕,天梯若隐若现,故亦名"云梯"。景区以"五峰七漈"为代表景观。"五峰"即天马、龟柱、双兔、海日和天梯等五座山峰。"七漈"即鼎湖、丹室、龙首、药槽、云门、天津和松关等七层瀑布。

5.塔斗夕霞

塔斗山位于仙游县枫亭镇东北面,其山形似螺,亦称青螺峰。山顶矗立一座建造于宋代初期石塔,名天中万寿塔,俗名青螺塔,也叫望海塔,为国家级文物保护单位,是全国仅存的三座宝箧印经塔中最大的一座千年石塔。螺峰之上,有会心书院、文昌阁、"景行""观海"两亭、戚继光抗倭兵寨遗址、历史名人石刻等名胜古迹,为观看海上日出的一个好去处。

6.仙洋戏水

仙水洋位于仙游县西苑乡凤山村,平均海拔八百七十一米,由整块棕色的平坦石皮构成,宛如水上步行街,是一处可与白水洋相媲美的平底基岩溪床,为世界上稀有的浅水广场。

7.凤顶无尘

凤顶禅踪位于仙游县西苑乡,有九座寺、无尘塔、仙石山(原名十八股山)等景区。九座寺迄今有 1140 余年历史,是一座受到皇帝赐封名号的丛林。无尘塔位于九座寺西面,创建于唐咸通六年(865年),是福建现存年代最久的石塔之一,被列为全国重点文物保护单位。仙石山位于九座寺北侧,山上遍布奇特的巨大石群,各呈奇状,形态万千。

8.蜚山霜月

大蜚山位于仙游县城以北五公里处,著名景点有大蜚寺、九龙岩寺、海霖寺等。这里群峰竞秀林木葱茏,景色迷人。

9.艺都仙作

中国古典工艺博览城位居县城东部,前瞰木兰溪,后倚大蜚山,是福建省六大重点创意文化产业园区之一,仙游工艺文化产业第一城,国家 AAAA 级旅游景区。建筑设计继承盛唐大明宫风格,又融合宋代以及明清风格,气魄宏大、格局开阔,是古典建筑的集大成之作。同时与仙作古典家具在空间上相得益彰,彰显仙游独特的文化风俗与历史渊源。

10.龙华双塔

龙华双塔位于仙游县龙华镇灯塔村,建于北宋大观年间。双塔建筑为八角五层空心石质结构,高四十四点八米。比泉州开元寺东西塔早110年。现为国家级物保护单位,是福建省石塔建筑之瑰宝。

11.仙游文庙

仙游文庙原称孔子庙,位于仙游县体育场北侧。北宋初年建于城西,宋咸平五年迁建今址,距今有1270多年历史,是我省四大文庙之一。现存有戟门、两庑、大成殿、崇勋祠、文昌阁等古建筑,占地面积四千一百万多平方米。庙内有宋代石鼓及清代四对蟠龙浮雕石柱,极具历史及艺术价值。

12.石谷日出

石谷解地处仙游、德化、永泰三县交界处,主峰一千八百零三点三米,为莆田市境内最高峰,堪称"闽中屋脊"。山上林木葱郁、碧水环绕。在石谷解观日出别有一番意境。

参考文献

郑国贤、吴天鹤编著:《景观文物》,福建人民出版社2003年版。

刘福铸主编:《莆田史话》,社会科学文献出版社2014年版。

陈建东主编:《仙游十二美景》,海峡文艺出版社2014年版。

附 录

木兰陂记

  在福建莆田，有一处水利工程，自宋始建至今近千年，经过无数次洪潮冲击，现仍巍然屹立。她的名字叫木兰陂。木兰陂是全国五大古陂之一，是我国现存最完整的古代水利工程之一，属全国重点文物保护单位，可与四川都江堰相媲美。2019年岁末。我和家人游览了该地。

木兰陂（郑朝阳摄影）

  木兰陂工程是针对木兰溪而建。木兰溪是一条汇集了上百条涧的大溪，自仙游流经莆田城区注入兴化湾。因受海潮顶托影响，溪水经常泛滥,甚至海水还能沿溪道涌入平原,给沿岸人民带来深重的灾难。

宋治平元年(1064),长乐女子钱四娘(1049—1067)毅然倾其家产,携金前来莆田,用十万缗(一缗合一两银子)在华亭西许樟林村的将军岩前(即木兰溪的濑溪地段)垒石筑陂。人们深受感动和鼓舞,纷纷从远近赶来投入建陂工程。他们经过三年辛苦劳动,终于建成,但由于选址不当,陂刚建成就被山洪冲垮了。钱四娘眼看自己的心血付诸东流,悲愤交加,纵身跳进滚滚洪流。当时,她年仅十八岁,真是"沧海未销钱女恨"。钱四娘的义举感人至深,明代陈茂烈有诗云:"莫怪藏珠肯剖身①,古来好施几多人?黄金浮世轻如羽,青史垂名胜似珍。天上银河分一派,莆中粒食共千春。庙门斜向东流水,烟火茫茫遍海滨。"当代郭沫若诗云。"清清溪水木兰陂,千载流传颂美诗。公而忘私谁创始,至今人道是钱妃。"

钱四娘死不久,治平间,她的同乡、进士林从世又捐家资十万缗,改在下游温泉口筑陂。岸高口窄,水势比将军岩前更急,陂成同样由于选址不当被潮水冲溃,依然失败。对此,郭沫若也有诗纪念:"将军岩下温泉口,虽未擒龙德泽延。继业林侯缗十万,换来智日号神仙。"

宋熙宁八年(1075),王安石变法,提倡农田水利,蔡京兄弟屡次请于朝,朝廷下诏招募针对木兰溪的筑陂者,侯官(今闽侯)人李宏携资七万缗应诏而来。他和僧人冯智日认真总结前人两次失败的教训,选择在钱、林两遗址之间,溪面宽阔、水流缓慢、溪床岩石互连的木兰山下建陂,然陂未成力已竭。于是蔡京复奏于朝,募有财有干者辅之,得十四大家慨然施钱,共七十万缗,助成木兰陂,历时八年。郭沫若感慨道:"创业良艰继亦难,坚贞接踵战狂澜。既收水利丰年乐,还树戡天世界观。"

木兰陂截住上游溪水,使之分别通过陂首南北端的"迴澜桥闸"和"万金陡门",注入南北洋总长一百二十多公里的大小沟渠,灌溉着南北洋平原十六万亩农田,使南北平原成为福建主要的水稻丰产区和经济作物区。每逢春日，木兰溪水初涨，陂上溪水越堰而下，白浪滔滔，如同瀑布，雪飘雷鸣，气势雄伟，故称"木兰春涨"，名入莆田二十四景。元人朱德善诗云："万顷狂澜越壑低，中流砥柱卧龙栖。二神②共绾东西庙，一水平分南北溪。雨过木兰瑶草长，秋深松柏翠云齐。仁波千载犹傍沛，到处春田足一犁。"郭沫若也赞叹道："水别东西流不断，洋无南北利无遗。海潮到此迟回久，只好低头拜大堤。"

木兰陂工程自建成后，一直发挥着拦洪、挡潮、排涝、蓄水、引水、灌溉的重要作用，泽被后人。然而，木兰陂虽然阻挡了海潮，灌溉了兴化平原，却并不能完全根治木兰溪的水患。木兰溪绵延上百公里，下游蜿蜒曲折、断面狭窄，所以防洪能力极差，下游的农田、村庄几乎年年有小灾、几年一大灾。且木兰溪处于沿海淤泥地质，难以筑堤，过去是全省唯一流经城区、单独入海而不设防的河流。治理木兰溪水患，是莆田人民的夙愿。

新中国成立后，钱四娘等先贤为民大爱的精神并未被遗忘。据梁灵光③回忆，1955年修建鹰厦铁路时，陈嘉庚还用钱四娘修建木兰陂的故事来说服当年任厦门市市长的张维兹修建杏林到集美的海堤。莆田市委市政府也是一任接着一任干，久久为功，在治理水患的道路上孜孜探索。

1999年12月，时任福建省省长的习近平同志将当年全省冬春水利建设的义务劳动现场安排到木兰溪，并与当地干部群众、驻军官兵六千多人一道参加义务劳动。习近平同志在现场说："今天是木兰溪下游防洪工程开工的一天，我们来这里参加劳动，目的是推动整个冬春修水利掀起一个高潮，支持木兰溪改造工程的建设，使木兰溪今后变害为利、造福人民。"

从1999年开始，在习近平同志的主导和带领下，莆田开启了木兰溪综合治理的进程。历经近二十年的综合治理，木兰溪已焕然一新，水清、岸绿、景美，不仅使莆田彻底结束"福建省唯一一座洪水不设防的设区市"历史，而且全面实现习近平同志当年提出的"变害为利、造福人民"目标,成为莆田人民的生命之水、安全之水、生态之水。2017 年,木兰溪被评为全国"十大最美家乡河"之一。

这次游木兰陂,虽然时间短暂,但我印象很深,深受教育,其设计之巧妙,施工之艰难,先贤们公而忘私的奉献精神,今天为政者的一心为民情怀都非常感人。现成一诗以记木兰陂之游:"恩波④浩荡兰水长,兰水平分南北洋。泽润壶兰⑤万顷地,造就莆阳鱼米乡。饮水不忘掘井人,筑陂功德千古扬。四娘长者如无恙,且看今朝新木兰。"

本文原刊登于《福建党史》2020 年第 12 期

注释

①莫怪藏珠肯剖身:以蚌贝剖身献珠作比兴,来赞美钱四娘舍已为民的行为和品德是极其珍稀、难能可贵的。

②二神:建立两个庙。前庙祝钱四娘;后庙祀李宏、冯智日、林从世等人。此句讲四神共绘东西二庙。

③梁灵光:福建永春人。曾任厦门市市长、福建省副省长、轻工部部长、广州市委书记、广东省省长。

④恩波:造福于人的水流。

⑤壶兰:是指壶公山和木兰溪,为莆田的雅称。

郑金沐家藏莆阳文献

（宋）李俊甫纂辑：《莆阳比事》，中国文史出版社 2017 年版。

（宋）蔡绦：《铁围山纵谈》，中国书店 1983 年版。

（明）周瑛、黄仲昭：《重刊兴化府志》，福建人民出版社 2007 年版。

（明）黄仲昭：《八闽通志（上下册）》，福建人民出版社 2007 年版。

（明）何乔远编撰：《闽书（1—5 册）》，福建人民出版社 1995 年版。

（明）周华著，蔡金耀校勘，卢金城注译：《游洋志》，涵江福利印刷厂 2009 年印行。

（明）吕一静，康太和纂：《兴化府志》，海峡书局 2017 年版。

（清）吴英撰，李祖基点校：《行间纪遇》，厦门大学出版社 2016 年版。

（清）贪梦道人：《彭公案》，上海古籍出版社 2011 年版。

（清）彭定求编：《全唐诗》（上下册），上海古籍出版社 1986 年版。

阮其山编著：《二十四史莆仙人物传》上下册，中国文史出版社 2013 年版。

莆田市方志委编：《莆田市志（1—3 册）》，方志出版社 2001 年版。

莆田县方志委编：《莆田县志》，中华书局 1994 年版。

林国平、彭文宇主编：《莆田通史》，社会科学文献出版社 2021 年版。

莆田市方志委编：《莆田市姓氏志》，方志出版社 2010 年版。

莆田市方志委编:《莆田市地名志》,福建省地图出版社 2011 年版。

莆田市民政局主编:《莆田市行政区划地图集》,福建省地图出版社 2015 年版。

毛佩琦主编:《中国状元大典》,云南人民出版社 1999 年版。

王鸿鹏、王凯贤、张荫堂编著:《中国历代榜眼》,解放军出版社 2004 年版。

王鸿鹏、王凯贤、张荫堂编著:《中国历代探花》,解放军出版社 2004 年版。

肖源锦:《状元史话》,重庆出版社 2004 年版。

蔡金发编著:《蔡襄经邦济众的一代贤臣》,福建人民出版社 2017 年版。

黄玉石:《郑樵传》,中国青年出版社 1989 年版。

徐有富:《郑樵评传》,南京大学出版社 1998 年版。

吴怀祺:《郑樵研究》,厦门大学出版社 2010 年版。

吴怀祺:《郑樵评传——融会百家贯通古今》,广西教育出版社 1997 年版。

阮其山编著:《郑樵博通百科的史学大师》,福建人民出版社 2017 年版。

莆田夹漈草堂郑樵纪念馆编:《郑樵史迹》,莆田夹漈草堂郑樵纪念馆 1996 年印行。

束景南:《朱子大传(上下册)》,商务印书馆 2003 年版。

陈言:《史学大家郑樵》,莆田市政协学习宣传和文史资料委员会 2016 年印行。

刘德城、周美颖主编:《福建名人词典》,福建人民出版社 1995 年版。

马来西亚兴安会馆编:《江春霖(上下册)》,莆田县教育印刷厂 1990 年印行。

卢金城注:《江春霖御史奏稿简注》,厦门大学出版社 2008 年版。

吴国荣、刘家军主编:《威略将军吴英文化》,厦门大学出版社2015年版。

吴绵普:《威略将军传》,厦门大学出版社2014年版。

蔡国妹:《莆仙方言研究》,厦门大学出版社2016年版。

莆田市政协文史资料文教卫体委员会编:《莆仙话 莆仙方言资料专辑》,莆田市政协文史资料文教卫体委员会2001年印行。

莆田市荔城区档案局编:《莆仙方言简明词汇》,莆田市荔城区档案局2016年印行。

刘福铸编著:《莆仙方言熟语歌谣》,福建人民出版社2001年版。

朱维幹:《莆田县简志》,方志出版社2005年版。

朱维幹:《福建史稿(上下册)》,福建教育出版社2008年版。

王坚德主编:《福建历史》,福建人民出版社2018年版。

徐晓望主编:《福建通史(1—5卷)》,福建人民出版社2006年版。

莆田市文联、莆田市民间文艺家协会编:《莆田民间故事选》,海峡文艺出版社2017年版。

中共莆田县委宣传部编:《莆田人物》,福建人民出版社2000年版。

阮其山:《莆阳名人传》,福建文艺出版社2013年版。

金文亨、金立敏:《人物春秋》,厦门大学出版社1999年版。

阮其山:《莆阳名臣谱》,中国楹联出版社2010年版。

中共莆田县委宣传部编:《莆田史话》,福建人民出版社2000年版。

金文亨、金立敏:《莆田史话》,厦门大学出版社2000年版。

刘福铸主编:《莆田史话》,社会科学文献出版社2014年版。

金文亨:《兴化进士》,厦门大学出版社2001年版。

林祖泉编著:《莆阳进士录》,海峡文艺出版社2013年版。

陈光荣编著:《寻根揽胜兴化府》,海风出版社2000年版。

黄黎强：《海邦长卷》，光明日报出版社 2007 年版。

蔡庆发：《蔡襄评传》，中国文联出版社 2001 年版。

蔡维铄编著：《蔡襄年谱》，厦门大学出版社 2000 年版。

宋湖民：《南禅室集》，莆田市印刷厂 1999 年编印。

莆田市南湖郑氏委员会编：《南湖郑氏文化源流史略》，莆田市南湖郑氏委员会 2002 年印行。

郑元畏主编：《九鲤湖百梦》，仙游印刷厂 1993 年印行。

陈德铸：《仙游与九仙漫话》，作家出版社 2008 年版。

中共莆田县委宣传部编：《莆田风情》，福建人民出版社 2000 年版。

中共莆田县委宣传部编：《莆田诗咏》，福建人民出版社 2000 年版。

郑国贤、吴天鹤编著：《景观文物》，福建人民出版社 2003 年版。

许更生、林祖泉编著：《兴教育人》，福建人民出版社 2003 年版。

蔡庆发、王宝仁编著：《文化概谈》，福建人民出版社 2003 年版。

林成彬、朱宪章、杨祖煌：《民俗风物》，福建人民出版社 2003 年版。

彭文宇、蔡国耀编著：《海外交流》，福建人民出版社 2003 年版。

黄国华编著：《妈祖文化》，福建人民出版社 2003 年版。

杨美煊、谢宝燊编著：《莆仙戏曲》，福建人民出版社 2003 年版。

潘真进、郭大卫、罗帆编著：《书画影艺》，福建人民出版社 2003 年版。

周益民、雷凤忠编著：《宗教信仰》，福建人民出版社 2003 年版。

林金松、陈豪编著：《诗词散文》，福建人民出版社 2003 年版。

林煌伯主编：《莆风清籁集(上下册)》中国文史出版社 2012 年版。

肖亚生编著：《兴化寻踪(上下册)》海峡文艺出版社 2019 年版。

徐连达主编：《中国历代官制大词典》，广东教育出版社 2022 年版。

杨云编：《郭沫若闽游诗集》，福建人民出版社 1979 年版。

杨鹏飞主编:《莆田二十四景》,中国文史出版社 2011 年版。

陈建东主编:《仙游十二美景》,海峡文艺出版社 2014 年版。

编写组:《兴化揽胜》,福建省莆田市印刷厂 1984 年印行。

金文亨、陈金海:《莆田风景名胜》,兴华民俗文化研究中心 1998 年印行。

卢金城、林春德选注:《兴化文痕》,厦门大学出版社 1993 年版。

陈金狮编著:《莆仙民间俗谚集注》,中国戏剧出版社 2005 年版。

林祖韩主编:《湄湾联珠》,华艺出版社 2001 年版。

莆田市政协编:《老照片专辑》,湄洲日报印刷厂 1999 年印行。

莆田市政协编:《老一辈人物专辑》,莆田市政协 2004 年印行。

林春铭主编:《紫霞璀璨西天尾镇风物录》《紫霞璀璨人文录》,大众文艺出版社 2008 年版。

莆田市政协编:《莆田市文史资料 第六辑》,莆田印刷厂 1990 年印行。

莆田市政协编:《莆田市文史资料 第十八辑》,莆田市政协 1993 年印行。

莆田市政协编:《莆田市文史资料 第九辑》,莆田县印刷厂 1994 年印行。

莆田市政协编:《莆田市文史资料 第十一辑》,福州市郊区青年印刷厂 1996 年印行。

莆田市政协编:《莆田市文史资料 第 35》,福州锦里星元印务有限公司 2018 年印行。

政协莆田市涵江区委员会文史资料研究委员会编:《涵江文史资料 第一集》,政协莆田市涵江区委员会文史资料研究委员会 1993 年印行。

政协莆田市涵江区委员会文史资料研究委员会编:《涵江文史资料 第三集》,政协莆田市涵江区委员会文史资料研究委员会 1994 年印行。

刘金林编著:《涵江的传说》,延边人民出版社 2004 年版。

许更生注析:《莆阳名篇选读》,海峡文艺出版社 2013 年版。

詹淑海编著:《刘克庄——宋末文坛领袖》,福建人民出版社 2017 年版。

林祖泉、康永福:《壶山采璞》,海风出版社 2001 年版。

郑国贤编:《莆田地名荟萃》,莆田县教育印刷厂 1991 年印行。

蒋维锬、刘鸿廉编写:《莆仙风味饮食集绵》,福建人民出版社 1992 年版。

宋国桢主编:《天下郑氏出荥阳》,荥阳郑氏研究会 1994 年印行。

宋国桢、周显才主编:《中华望族荥阳郑氏》,中州古籍出版社 1989 年版。

黄玉石:《林默娘》,中国青年出版社 1990 年版。

欧阳代、王兆鹏编著:《刘克庄词新释辑评》,中国书局 2001 年版。

丛书编委会:《作家笔下的莆田》,海峡文艺出版社 2010 年版。

肖亚生:《兴化家族与祖宗崇拜》,鹭江出版社 2014 年版。

郑国贤:《林兰英院士》,作家出版社 2004 年版。

政协莆田县委编:《莆阳历代书画选集》,福建美术出版社 1988 年版。

周世闻编著:《蔡襄蔡京书法经典鉴赏》,四川美术出版社 2015 年版。

莆田市图书馆编:《陈长城文集、陈佳润文集》,莆田市图书馆 2014 年印行。

方辉绳:《莆田旧事抄》,莆田市图书馆 2014 年印行。

陈鹤:《陈鹤诗词稿选 1—3 集》,福建省莆田第六中学 1984 年印行。

陈枚香:《莆阳书话》,鹭江出版社 2015 年版。

宋元模、林春连编:《现代莆仙人物·第一辑》,莆田市科委等 1986 年印行。

陈遵统编纂:《福建编年史》上中下,福建人民出版社 2009 年版。

慕容剑:《图说福建闽中八府》,海峡文艺出版社 2012 年版。

黄羲:《黄羲翰墨集》,黄羲博物馆、黄羲国画研究会 2010 年印行。

陈德铸:《仙游风骚丛谈·九鲤湖传奇》,中国文史出版社 2004 年版。

黄国培主编:《黄羲画学研究集稿》,福建美术出版社 2011 年版。

莆田县科普创作协会编:《壶兰科苑》,莆田县印刷厂 1981 年印行。

本书编委会:《澄渚人文》,中国文史出版社 2014 年版。

后 记

　　《莆阳史话》于二〇二〇年五月开始编写，至二〇二一年五月完成初稿并送厦门大学出版社。出版社对本书的出版非常支持，编辑人员进行了认真审阅，对一些文字和年代进行更正，提出许多宝贵意见。根据两次审稿意见，我减少本书以文言文表达的内容，统一改为以白话文叙述方式，对全书的章节结构进行了调整，同时增删合并一些内容，使本书系统性、整体性更强。本书的编写，也得到许多同志的关心和支持。中共厦门市委党史和地方志研究室朱黎明处长为本书提供一些史料并推荐本书中的多篇历史名人传略文章于《福建文史》双月刊发表。福州大学厦门工艺美术学院书法家张瑞敏先生为本书的编写帮忙查阅一些资料，题写了书名。摄影家马金焰、张力、黄平先生为本书提供了珍贵照片。莆田市城厢区政协原副主席萧亚生等朋友也提供了一些珍贵的照片。陈鹤《莆田县二十四景诗词书法》系厦门大学黄宝奎教授生前提供的。本书的编写也得到家属及子女的鼓励支持。女儿朝英、儿子朝阳在工作之余，帮忙搜集资料、编辑文稿并负责历史遗踪摄影。在此谨向他们表示衷心感谢！

郑金沐

二〇二〇年九月八日